Como evitar os **10 ERROS** *que as mulheres* **SOLTEIRAS** *cometem*

LEMBRAR DE NÃO FAZER

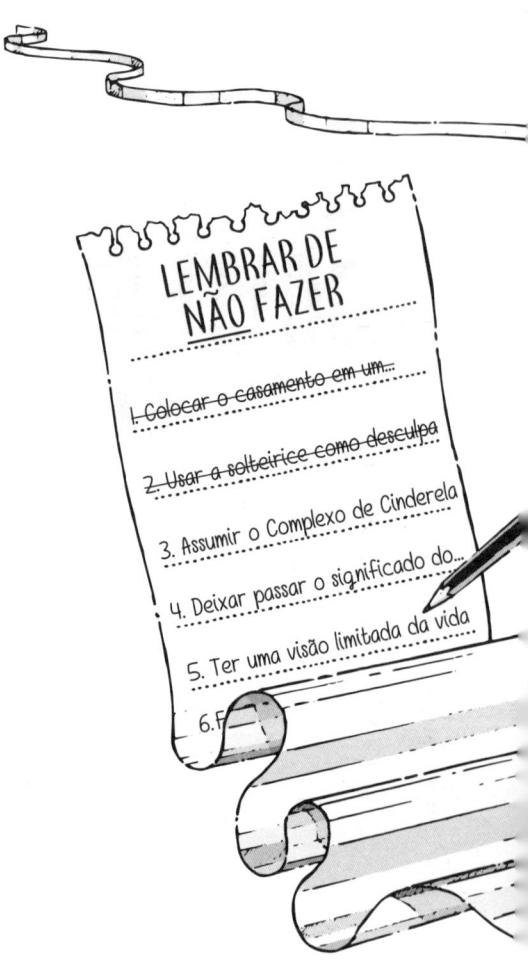

1. ~~Colocar o casamento em um...~~
2. ~~Usar a solteirice como desculpa~~
3. Assumir o Complexo de Cinderela
4. Deixar passar o significado do...
5. Ter uma visão limitada da vida
6. F

Como evitar os 10 ERROS que as mulheres SOLTEIRAS cometem

MICHELLE McKINNEY HAMMOND

Ágape

SÃO PAULO, 2018

Como evitar os 10 erros que as mulheres solteiras cometem
How to avoid the 10 mistakes single women make
Copyright © 2006 by Michelle McKinney Hammond
Published by Harvest House Publishers
Copyright © 2017 by Editora Ágape Ltda.

COORDENAÇÃO EDITORIAL: Rebeca Lacerda
TRADUÇÃO: Eni Rodrigues
PREPARAÇÃO: Tássia Carvalho
REVISÃO: Patrícia Murari
CAPA E DIAGRAMAÇÃO: Rebeca Lacerda

EDITORIAL
João Paulo Putini • Nair Ferraz • Rebeca Lacerda
Renata de Mello do Vale • Vitor Donofrio

Texto de acordo com as normas do Novo Acordo Ortográfico da Língua Portuguesa (1990), em vigor desde 1º de janeiro de 2009.

Dados Internacionais de Catalogação na Publicação (CIP)
(Câmara Brasileira do Livro, SP, Brasil)

Hammond, Michelle McKinney
   Como evitar os 10 erros que as mulheres solteiras cometem /
Michelle McKinney Hammond; tradução de Eni Rodrigues. -- Barueri, SP :
Ágape, 2018.

   Título original: How to avoid the 10 mistakes single women make

   1. Mulheres solteiras 2. Mulheres cristãs I. Título
II. Rodrigues, Eni

18-0406   CDD 248.8432

Índice para catálogo sistemático:
1. Mulheres solteiras – Vida cristã   248.8432

EDITORA ÁGAPE LTDA.
Alameda Araguaia, 2190 – Bloco A – 11º andar – Conjunto 1112
CEP 06455-000 – Alphaville Industrial, Barueri – SP – Brasil
Tel.: (11) 3699-7107 | Fax: (11) 3699-7323
www.editoraagape.com.br | atendimento@agape.com.br

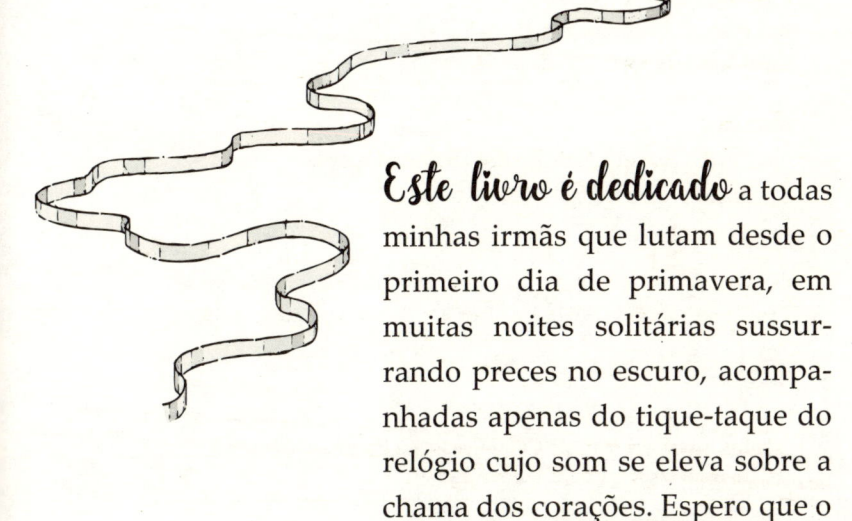

Este livro é dedicado a todas minhas irmãs que lutam desde o primeiro dia de primavera, em muitas noites solitárias sussurrando preces no escuro, acompanhadas apenas do tique-taque do relógio cujo som se eleva sobre a chama dos corações. Espero que o príncipe de cada uma venha.

Enquanto isso, ocupe-se, atente a seu melhor, e saiba que não está sozinha.

Agradecimentos

A minha família Harvest House, que me incentiva e inspira continuamente a alçar voos mais altos.

A todos aqueles que me apoiam, aconselham, oram por mim e me desafiam a fazer melhor, obrigada.

Mas, acima de tudo, àqueles cujas carências me fazem buscar ainda mais respostas em Deus. É um privilégio constante servir a eles.

A lista definitiva dos dez mais

Hmm...Vamos ver...
    David Letterman tinha uma. *USA Today*. MTV. *Billboard*. O *New York Times*. Qualquer um que seja importante tem uma lista dos dez mais disso ou daquilo. A maioria delas é bonitinha, engraçada, muito divertida. Mas, embora nos sugiram o senso comum das massas em geral, elas não têm nada a ver com nossa vida pessoal. Talvez seja o momento de elaborarmos nossas próprias listas. Chama-se a isso fazer um balanço. Situar-nos. Perceber onde estamos no presente em comparação a onde realmente queremos estar. A fim de seguir em frente e alcançar nossas metas pessoais, devemos reconhecer as situações, os assuntos, os hábitos e a mentalidade que nos mantêm paralisados e impedem nosso progresso.

    É seguro dizer que a maioria das solteiras quer ser casada, mas, ainda assim, continuam perdidas em como descobrir o que pode estar retardando que avancem em direção ao altar. Uma vez, viajando pelo país e entrando em contato com solteiros do mundo inteiro, alguns padrões surgiram, e linhas comuns de diálogo e comportamento me fizeram refletir sobre o assunto e elaborar minha própria lista dos dez mais. Os dez erros que as solteiras cometem na busca por amor, romance e realização pessoal.

Espero que a leitora seja corajosa o bastante para se assumir honesta, examinar suas experiências e livrar-se do que não está funcionando. Ou seja, ser realmente séria em se tratando de mudar suas circunstâncias de vida. É claro, tudo começa com uma renovação na mente; portanto, vamos trilhar este caminho juntas. Saiba o seguinte: você não está sozinha, e não há qualquer vergonha em cometer um erro. A vergonha se justificará apenas se não aprender com seus descuidos. Por isso, aqui está como viver, aprender e fazer a curva para um local na jornada da vida cujo cenário você aprecie muito mais, até finamente chegar ao destino desejado. Basta lembrar-se não só de que você é a motorista, mas também de que o carro é seu. Assim, decida para onde quer ir, verifique o mapa e ajuste a rota de acordo com ele.

Com amor, como sempre,

Michelle

Sumário

ERRO NÚMERO 1 Colocar o casamento em um pedestal ao lado de Deus **13**

ERRO NÚMERO 2 Usar a solteirice como desculpa para não continuar com a incrível aventura de viver **29**

ERRO NÚMERO 3 Assumir o Complexo de Cinderela e esperar que o príncipe encantado perfeito venha resgatá-la **49**

ERRO NÚMERO 4 Deixar passar o significado do momento presente **65**

ERRO NÚMERO 5 Ter uma visão limitada da vida **79**

ERRO NÚMERO 6 Falhar na tarefa de viver **93**

ERRO NÚMERO 7 Envolver-se completamente **107**

ERRO NÚMERO 8 Negligenciar a pessoa mais importante em sua vida depois de Deus: você **121**

ERRO NÚMERO 9 Submeter o coração a escolhas tolas **137**

ERRO NÚMERO 10 Desistir e ceder **191**

ERRO NÚMERO 1

Colocar o casamento em um pedestal ao lado de Deus

Apenas pensando em voz alta...

Era uma vez um rapaz que desejava se livrar de todas as coisas que o limitavam: sentimentos de inferioridade, isolamento e impotência. Mas Deus o havia escolhido para ser um conquistador, para desafiar as probabilidades, levantar-se diante da mediocridade e literalmente se libertar não apenas da opressão que o impedia de viver a vida que desejava, mas que também comprometia a vida de outras incontáveis pessoas em torno dele.

Porém, como agiria? Primeiro, precisou superar sua autoimagem, a qual não combinava com a de Deus. O Senhor o chamava de homem valoroso, mas ele se enxergava insignificante, o último dos homens, alguém que sequer era notado. Assim, surpreendeu-se ao descobrir que não havia percebido seu próprio poder ou o poder do Deus ao qual servia para que lhe fosse concedido o desejo do coração. E também não levara em consideração o fato de que Deus estava com ele e realmente se interessava por sua situação, querendo que tivesse uma vida vitoriosa.

Essas foram verdades que o rapaz precisou incorporar para capacitar-se a dar o próximo passo em direção à vida corajosa e vitoriosa que desejava. Teve de afastar as próprias percepções sobre si mesmo e encarar a realidade sobre quem era aos olhos Daquele que o criou e tão bem o conhecia. Também precisou reconhecer todas as fraquezas, as forças, e até mesmo aquelas coisas que apenas começava a descobrir sobre si.

Somente quando nos situamos a respeito de nós mesmas somos capazes de vislumbrar nosso destino e o que podemos realizar. Ao chegarmos à plena realização de nossos dons inerentes e aos aspectos de nossa natureza favoráveis aos planos de Deus sobre nossa vida, conseguimos ver o roteiro e compreender o sentido das indicações que Ele está nos dando. É claro, existem épocas em que somos chamadas a andar movidas pela fé, dando um passo de cada vez em direção ao que *parece* a escuridão. Mas nesses momentos, por todo caminho, somos mantidas em segurança no centro da palma da mão Dele. Por isso, lembre-se de que, quando não conseguir ver a estrada, é porque está sendo carregada. E, quando conseguir enxergá-la a sua frente, siga adiante, mantendo-se a cada passo sensível à voz de Deus. Quantas vezes você comentou: "Algo me diz...", e então ignorou as instruções, pensando que eram apenas sua própria intuição sobre o que iria acontecer? Isso não é *algo*; isso é *Alguém* sussurrando: "Este é o caminho; siga-o..." (Is 30:21,22). Ao aprendermos a confiar Nessa voz e a seguir Suas instruções, encontramo-nos no caminho da integridade e da vida que desejamos, com menos dramas e traumas do que quando dirigimos o curso de nossa própria vida.

Saiba que alcançar seu sonho sempre lhe custará alguma coisa. Não podemos ter absolutamente tudo ao mesmo tempo. Muitas vezes, precisamos abandonar alguma coisa para que seja substituída por outra melhor. Por isso a Bíblia nos diz que não podemos servir a dois senhores ao mesmo tempo, pois odiaremos a um e amaremos ao outro (Mt 6:24; Lc 16:13). Se você quer mesmo se casar, terá de sacrificar alguns elementos da vida de solteira, e não poderá mais ser egocêntrica, devendo centrar-se nas outras pessoas. O foco, que antes estava em si mesma, precisará, então, redirecionar-se para que invista na vida de alguém. Quando estamos procurando estabelecer uma aliança com Deus ou com uma pessoa, devemos estar dispostas a sacrificar qualquer coisa que possa impedir o desenvolvimento da relação rumo a um compromisso rico, no qual ambos experimentem a bênção de se derramarem um na vida do outro.

Voltando a nosso rapaz, depois de uma compreensão clara de quem realmente era, estava na hora de fazer um sacrifício. Ele tinha de construir um altar para Deus, estabelecendo um pacto com o Senhor, assim afirmando que fora Ele quem lhe dera paz em meio às turbulências interior e exterior em que vivia.

Depois disso, precisou se livrar de alguns ídolos que comprometiam sua capacidade de enxergar as infinitas possibilidades de vida. E desviando-lhe a atenção do ponto principal que, apesar das qualidades que o jovem acreditava não possuir – força, sabedoria, apoio e valentia –, era servir a um Deus, Senhor de todas as impossibilidades que podia listar. Os ídolos estavam lhe roubando a vida que desejava viver. Tornavam-se maiores do que Deus, impedindo-lhe a visão de um amanhã melhor.

Depois de destruir os ídolos, ele foi capaz de receber instruções de Deus indicando-lhe como tornar realidade seu sonho. Gideão conduziu o povo à libertação daqueles que os oprimiam recorrendo a meios altamente incomuns. Ao longo do caminho, sua fé foi testada, uma vez que Deus o desafiou a abandonar tudo que, conforme acreditava, lhe daria a vitória desejada. (Leia a história de Gideão em Jz 6-8.)

Talvez você se veja insignificante e isolada na ânsia pela vitória na arena do amor. Sentindo-se oprimida pelo modo como a vida sempre seguiu, você foi acostumando-se com a decepção. Os amigos reforçam o que você já sabe e não lhe oferecem uma nova esperança. Cansada da luta, acabou decidindo que a vida é "assim mesmo", que algumas sortudas escaparam do zoológico dos solteiros enquanto você permanece atrás das grades, olhando através dos anseios, à espera de um amor para chamar de seu.

Talvez tenha incorporado uma autoimagem diferente daquela que Deus tem. Enquanto aceita ser chamada de "Não desejável", Ele a está chamando de "Amada". Será que precisa mesmo sacrificar os antigos ideais e seguir em direção Àquele que mais a ama para descobrir a paz que Ele traz, embora nada tenha mudado ainda? Talvez cultive alguns ídolos, e terá de destruí-los e arrancar do manto sublime em seu coração visões de como a vida deveria ser, e do que precisaria para ser feliz. Talvez os velhos hábitos e os pensamentos a tenham mantido presa a padrões de comportamento que convidam à derrota e à desilusão. Deus a está chamando para ver o mundo de um modo diferente. Para aceitar uma nova maneira de pensar e viver. Para eliminar coisas e pessoas que a impeçam de alcançar a vitória em todas as áreas da vida, inclusive no amor.

A mudança nunca é confortável no começo, mas é necessária se quiser alterar o resultado do que tem obtido. É hora de usar novos músculos. De se alongar, crescer, de até mesmo se atrever a experimentar. Que distância percorreria para conseguir o que quer? Com que intensidade quer? Se você está verdadeiramente empenhada em encontrar o amor, há trabalho a ser feito.

Vamos começar com uma avaliação pessoal

Como vê a si mesma?
Como se descreveria para outra pessoa?
Que atitude mental adotou sobre não ter o amor que deseja?
Que ideias as outras pessoas têm lhe dado? Elas são úteis?
O que está disposta a mudar para conquistar resultados diferentes?

Solução: Destrua os ídolos

Ops!

A interjeição "ops" sugere algo que escapa sem querer ou sem o controle de alguém, ou que, de modo inesperado, cede e é derramado, leva uma pancada, ou é usada quando se quebra um objeto ou uma parte do corpo. É uma exclamação de surpresa – por um lado involuntária e, por outro, arrependida. Uma palavra natural como respirar, proferida sem pensar, uma reação inconsciente do momento. Afinal, ninguém deixa que algo caia, quebre-se ou seja desperdiçado deliberadamente. Não, esses incidentes em geral são seguidos de arrependimento e de uma análise dos reparos que podem ser feitos, ou mesmo para verificar se há a necessidade de substituição.

Mas funciona para os objetos, não para a vida. Ainda assim, muitas solteiras se encontram em algum lugar ao longo da jornada cheias de desalento em relação às expectativas destruídas, magoadas, autoestima ferida e visão destroçada de uma vida vivida pela metade, à espera de que a "outra metade" chegue e as carregue para a terra da plenitude, onde todas as coisas são lindas e perfeitas. Ah! Esse é o primeiro erro.

Lembro-me de uma conversa que Deus teve com Adão quando ele se escondeu depois de comer o fruto da árvore do conhecimento do bem e do mal. Adão explicou que estava escondido por estar nu, ao que o Senhor respondeu: "Quem lhe disse que você estava nu?" (Gn 3:11). Boa pergunta. Adão e Eva estavam nus e não se sentiam constrangidos; não sabiam que lhes faltava alguma coisa na vida até que alguém lhes apresentou uma nova maneira de olhar a situação em que se encontravam. De repente, aquilo que tinham sido capazes de celebrar com toda liberdade se tornou um assunto que turvou a beleza da prazerosa experiência no Jardim do Éden, transformando-se num cenário vergonhoso.

Quantas vezes uma reunião perfeitamente agradável de família foi arruinada pelas palavras conhecidas de algum parente ou amigo preocupado e bem-intencionado? "Então, por que você ainda não se casou?", "Talvez seja exigente demais". De repente, você se pega questionando-se sobre seu valor como "um bom partido". E começa a se perguntar: *O que há de errado comigo?* Você, assim como Adão e Eva, começou a se sentir nua. Envergonhada, vulnerável e pouco preparada para a jornada da vida porque, de repente, se sente como parte de uma minoria diferente. O que, por sinal, não é verdade. Quando considera o número crescente de solteiros entre as pessoas que nunca se casaram, divorciaram-se e ficaram viúvas, percebe que, afinal, não é tão estranha!

É claro que, se não sabe disso, vagará nas profundezas da incerteza a respeito do valor do seu coração, do seu amor e da sua presença não apenas na vida de alguém que deveria apreciar muito essas qualidades, mas em sua própria existência no planeta! Outra coisa entra em ação. É a pressão interna dizendo que você precisa de alguém para vivenciar um sentimento de aprovação ou confirmação de que *não* está realmente nua. Que é adorável. Desejável. Tudo isso e um saco de batatas fritas. Um ente que valha a pena no reino da terra; você precisa de alguém em sua vida para estampar que está completamente vestida. Talvez, se for honesta consigo mesma, tenha de admitir que, por vezes, a vergonha de ser uma pessoa solitária aumente seu desejo de conseguir um companheiro acima dos motivos mais óbvios, como querer ser uma bênção para alguém, ter um parceiro para a vida, um cúmplice... Vamos lá, você sabe do que estou falando! Há razões certas e erradas para desejar um casamento. Isso traz à luz o fato de que você deve reconhecer seu próprio valor pessoal antes de esperar que alguém mais o faça. Esperar que alguém lhe dê autoestima seria como colocar o carro na frente dos bois! Isso simplesmente não vai acontecer. E então você pergunta: Por que não?

Em primeiro lugar, Deus nunca permitirá que outra pessoa represente afirmação e realização para alguém. Esse é um trabalho que Ele reservou para Si mesmo. Se um homem fosse capaz de completá-la, não haveria necessidade Dele. Portanto, Deus não apoia esse tipo de pensamento.

Em segundo lugar, a pessoa que poderia lhe acrescentar tudo o que você está procurando também está procurando o mesmo para a própria vida. Outra pessoa que não tenha nada para trazer para a festa, exceto a necessidade de aprovação, não será um pacote atraente. Portanto, resta-lhe como opção alguém tão carente quanto você. Não é uma situação agradável, e certamente não resultará em um relacionamento saudável.

Agora, vejamos o que mais poderia fazê-la se sentir menos capaz de ser amada e desejável do que o padrão. E a mídia não ajuda. Nos filmes, todos estão apaixonados. O amor sempre vence, e depois as pessoas vivem felizes para sempre no colorido mundo cinematográfico – ou eu deveria dizer na glória em alta definição? Se ver é acreditar, então iremos comprar a mentira que estabelece como regra social a formação de um casal, e ainda assim, de modo geral, a maioria dos solteiros no mundo real luta para encontrar modelos reais de felicidade conjugal. Com a pressão dos colegas e da mídia, a maioria um belo dia se casa por motivos errados com pessoas erradas, e acaba com problemas maiores do que grande parte dos solteiros comuns. Será que comprar a mentira de que o casamento é a finalidade e a conclusão de todas as coisas importantes nos leva a erguer falsos ídolos responsáveis por nossa insatisfação e infelicidade?

Sendo esse o caso, como alguém pode realinhar seu pensamento com um modo mais saudável e equilibrado de ver as infinitas possibilidades que a vida reserva, não importando o momento romântico? Se você está em uma contenda com Deus a respeito do ídolo casamento, fique certa de que o resultado será cheio de solavancos. Em algum lugar ao longo do caminho, o ídolo vai escorregar entre os dedos, espatifar no chão e partir-se em um milhão de pedaços irrecuperáveis. Isso se chama chegar ao fim de si mesma. Nesse momento, todas as noções preconcebidas da vida que imaginou para si mesma devem ser colocadas de lado antes que não apenas abra os braços para aceitar a vida que Deus lhe reservou no presente, mas também antecipe surpresas incríveis que lhe trarão alegrias indescritíveis no futuro.

Vá em frente e respire fundo. Abra o coração e também as mãos e repita depois de mim: "A vida não consiste naqueles que me fazem sentir importante, mas no valor que acrescento à vida de outras pessoas". No final do dia, sentirá que a vida daqueles que afeta para o bem estará mais rica. Seu valor aos olhos de Deus já foi determinado. Na mente Dele você não tem preço. Não há nada na terra que corresponda ao valor que você tem; portanto, o preço precisou ser pago por meio divino. Jesus literalmente deixou o céu e entrou na terra através do ventre de uma mulher para pagar o preço que seria aceitável a Deus para resgatá-la. Agora, está em você a enorme responsabilidade de resgatar seu Valor aqui na terra glorificando a Deus, casada ou não.

Seu valor nunca será avaliado por quem você atrai, mas principalmente por quem afeta e de que maneira isso acontece. Ser ou não escolhida por alguém não determina seu valor. Se vai a uma loja e decide que não quer pagar por algo porque o valor é muito alto, o vendedor não irá baixá-lo para um valor que você acredite ser aceitável. Caso seja um profissional realmente bom, ele a direcionará para coisas que caibam em seu orçamento e deixará os itens mais caros para alguém que esteja disposto a pagar o preço! Portanto, o valor de uma pessoa nunca pode ser estimado com base em como outras se sentem em relação a ela.

O objetivo da vida precisa mudar para que o ídolo seja destruído. A autoestima nunca mais deve ser colocada na balança da análise técnica do interesse de outros. Você foi criada com o propósito de ser um instrumento para mudar a vida de todos que encontrar, de tal modo que o clima se altere quando você entrar em qualquer ambiente. Seja um canal vivo de luz e vida – a luz de Deus e a vida que resulta de andar em Seu mundo, pois é nisso que ela realmente consiste. "Nem só de pão viverá o homem, mas de toda a palavra que sai da boca de Deus" (Mt 4:4 - NKJV).

Nossas vidas transformam-se pela renovação de nossa mente (Rm 12:2); portanto, precisamos adotar uma nova mentalidade para assim evitar que as vozes dos ídolos se sobreponham à verdade da Palavra de Deus. Nossa segurança, aprovação e realização devem vir das promessas Dele, o que inclui Sua visão de nós como acréscimos valiosos para os cidadãos do mundo – alguém que é vital, vivo e cheio de propósitos. Esse é o ponto em que ser solteiro pode funcionar. Domine sua atitude, pois apenas ela vai trabalhar contra você.

Portanto, como definir o caminho da plenitude sendo solteira?

Primeiro, estabeleça a questão de que não há problema em querer um companheiro. Isso é natural, um desejo dado por Deus. No entanto, observe que há uma diferença entre *você* possuir um desejo e *seu desejo possuí-la*. Deus a criou para estar no controle não apenas no reino espiritual, mas também no natural. Essa foi a primeira atribuição para o homem e a mulher quando foram colocados no Jardim do Éden. "Éden" significa "prazer", no entanto, Deus esperava que ambos exercessem o controle a fim de manter o prazer que Ele instituiu. O Senhor nos entregou as rédeas para que sejamos donos de nosso corpo, de nossas emoções e de nossos desejos. Para subjugarmos qualquer coisa que nos supere ou oprima. Portanto, fomos capacitados para ter domínio sobre nosso corpo e tudo o que nos desvie ou distraia para longe de viver a vida que Deus nos destinou. Cheia de prazer e realização.

Em segundo lugar, saiba que não há uma fórmula para a felicidade e a realização. Casamento, riqueza, fama – nada pode preencher o espaço que somente a Deus cabe completar. Não acredite na propaganda exagerada nem se deixe distrair com falsa alegria.

Em terceiro, há um tempo e um propósito para cada estação debaixo do céu, e estações mudam. Faça o máximo no presente, o que acabará afetando o futuro.

Quarto, seu casamento será tão bem-sucedido quanto a vida de solteira. Cultive a plenitude onde estiver. Quanto mais trouxer à festa, maior será a celebração quando os outros vierem se juntar a você. Tudo isso e muito mais ao caminharmos juntos.

Encarando a realidade

Quais são as três coisas sem as quais você não pode viver?
Você está vivendo sem elas no presente?
Como a ausência delas afeta sua qualidade de vida?
O que você pode fazer para florescer, apesar do que lhe falta no presente?

Aqueles que acreditam em idolos inúteis desprezam a misericórdia.

Jonas, depois de alguns dias muito desconfortáveis passados na barriga de um peixe.

ERRO NÚMERO 2

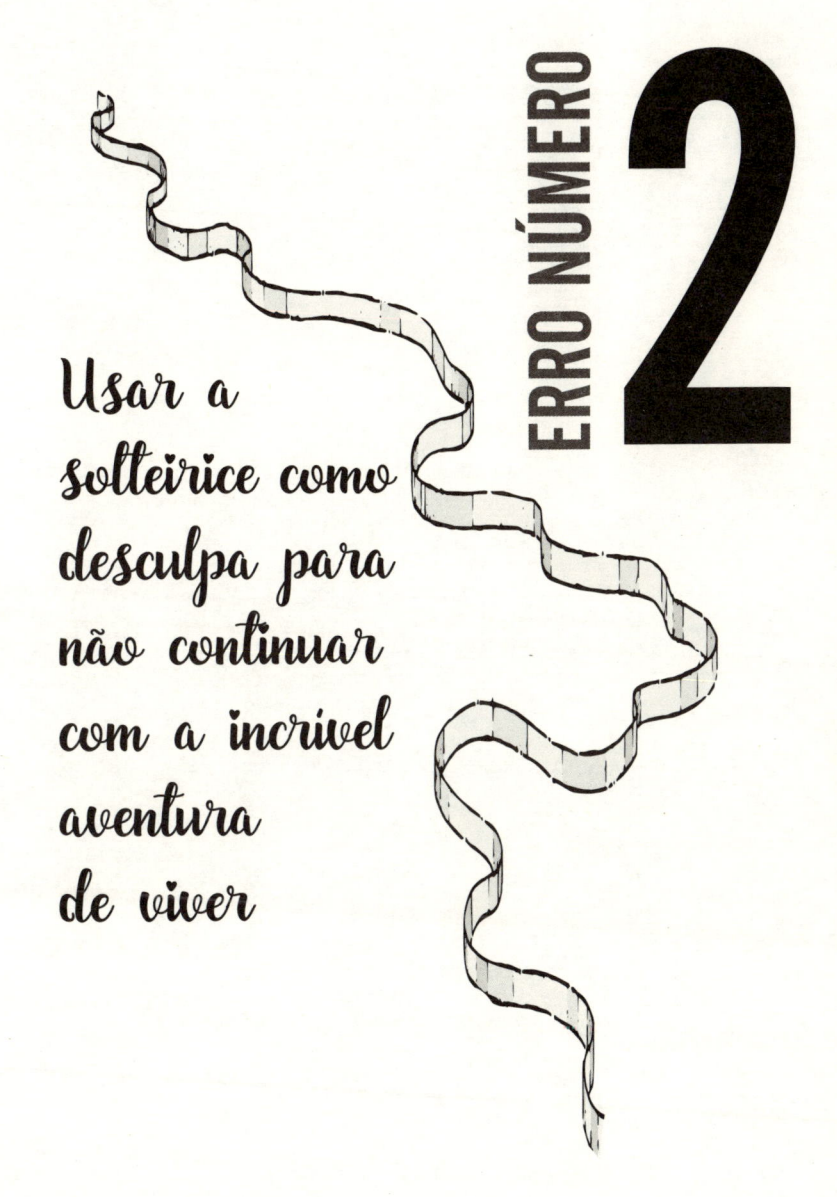

Usar a solteirice como desculpa para não continuar com a incrível aventura de viver

Apenas pensando em voz alta...

Ele ficou lá, deitado no chão da estrada, paralisado, mas orando e esperando um milagre. Então, um estranho surgiu em pé diante dele, perguntando-lhe o que parecia óbvio: "Você quer ser inteiro?". Uma boa pergunta. Algo que ainda não havia considerado. Sabia que não queria mais estar onde estava, mas a certeza de que as coisas nunca mudariam só aumentava. Seus amigos e conhecidos o apoiavam naquilo, o que não o surpreendia, uma vez que não eram melhores do que ele. Afinal, a tristeza adora companhia. Aqueles com quem convivia não conseguiam enxergar além de onde estavam, tinham dificuldade em seguir em frente, ou apenas também eram incapazes de se mover. Viviam presos na estupidez, nas dores do passado, em atitudes equivocadas; havia uma infinidade de razões para isso, mas a conclusão era a mesma para todos: estavam aprisionados, encontrando desculpas para escaparem da responsabilidade de viver e superar situações. Era culpa de outras pessoas o fato de se sentirem devastados, fraturados, vazios... e não inteiros.

Ela havia crescido acostumada com a vida como era, ainda que contra todos os seus princípios e valores. Aceitava as coisas, silenciando quando provavelmente deveria ter falado, sentindo-se parte da minoria. Era aquela que tentava viver da maneira certa. Fazer a coisa certa. Viver uma vida de devoção em uma sociedade que permite que o corpo e os desejos dominem tudo. Sentia-se constrangida com as conversas que ouvia a respeito de coisas feitas em segredo, que deviam permanecer como tal. E, apesar de saber que aquilo era contra o bom senso, ela se perguntava se estava louca por tentar manter um padrão de pureza. Pensava: *Por que se importar com isso? Todos estão fazendo o que querem e parecem sair impunes. Estão curtindo a vida, enquanto continuo vivendo à margem, apenas observando e perdendo toda a diversão.*

Todos os dias ela sentia cada vez mais a força da tentação na carne. Fora arrastada pelo estilo de vida deles antes de virar refém de uma mistura inebriante de coisas que lhe atiçaram os sentidos. Fora resgatada e restaurada de volta à segurança, e então deparou com o caminho do mundo lentamente a cortejando mais uma vez. Embora já o conhecesse bem, era difícil resistir à atração. Dividia-se entre dois amores, o espírito e o corpo, batalhando por manter a alma. Vagarosamente, e sem qualquer movimento perceptível, a indefinição começou a se esgueirar em suas conversas e em sua maneira de ver o mundo. Sentia que estava à beira de tentações tão constrangedoras que nem sequer ousava contá-las. Mas, antes de cair no fundo das águas dos desejos, dois visitantes chegaram, levando-a de volta à consciência de que continuar naquele estado seria muito perigoso. Ela e sua família precisavam partir para se separarem de um clima que definitivamente entrava pela porta da frente e alojava-se no coração da casa. Ela sabia que era a melhor coisa a fazer, mas talvez tivesse perdido tempo demais ouvindo a conversa deles, cobiçando a "liberdade". Embora os pés a conduzissem para um caminho, o coração estava dividido – fascinado com a decadência que intelectualmente abominava, ainda que em segredo a desejasse.

No meio do voo, olhou para trás a fim de vislumbrar o que teria acontecido se tivesse sido capaz de se deixar levar. E foi então que ficou presa. Presa ao passado. Presa aos erros do passado. Presa às coisas que pensava haver perdido. Cobiçava o estilo de vida daqueles que faziam o que bem queriam e não compreendiam a segurança dos limites que Deus havia estabelecido. Não podia nem voltar atrás nem seguir em frente. E se... e se... e se...

E se você não culpasse outras pessoas pelo que está lhe acontecendo agora e tivesse tomado posse de sua própria vida? Quão poderoso isso seria? E se pudesse se mover além dos erros e das experiências do passado? E se não permitisse que seus padrões fossem obscurecidos pela cegueira de outros? E se não cobiçasse o que é enganosamente atraente, mas destrutivo ao coração e à alma? Infelizmente, ela, a mulher de Jó, não teve a vantagem de conversar com Jesus, como aconteceu com o homem paralítico (Gn 19; Jo 5).

Será que você também sofre de paralisia? Ser limitada e desprovida de ambição se tornou um modo de vida – o normal. O inimigo da alma, juntamente com os amigos, concorda que essa *situação é a melhor possível. Não se atreva a esperar algo melhor ou diferente.* Lembre-se, a tristeza adora companhia. Uma coisa é certa: todas essas pessoas sofreram a influência do ambiente.

A sociedade pode pregar peças que levam você a entrar em guerra contra si mesma e o bom senso. É possível apaziguar os amigos por causa das próprias fraquezas deles, preferindo que você não exalte os fracassos que os atingem em nome da superação dos seus próprios. Inevitavelmente, os resultados são os mesmos – você se pega aprisionada. Ansiando por algo diferente, mas seduzidos pelo que nos é familiar, ficamos todos tentados a permanecer onde estamos porque o desconhecido, do outro lado de onde queremos estar, apesar de atraente, também pode ser assustador. É uma caminhada solitária quando se decide avançar contra todas as probabilidades. Atreva-se a quebrar o padrão. Faça algo diferente ou pouco usual. Às vezes, é preciso conversar consigo mesma se você é a única pessoa ouvindo.

Nadar contra a correnteza é difícil, ainda assim Jesus, o Amigo mais chegado do que um irmão, não teve tempo de participar do momento de piedade em relação àquele homem que estivera deitado no mesmo local por 38 anos, esperando que algo diferente acontecesse. Ele lhe deu uma ordem muito simples: "Levante-se! Pegue a sua maca e ande" (Jo 5:8), e o homem, estou certa de que mesmo surpreso, obedeceu prontamente. Sem a ajuda de uma mão ou de um braço. Sem auxílio. Por iniciativa própria e vontade, ele ficou em pé. Bastou a decisão de fazer algo diferente.

Por outro lado, a mulher de Ló, embora parecesse mover-se na direção certa, permitiu que o coração a traísse. É preciso mais do que uma decisão para conseguir o que se quer da vida. É preciso comprometimento. Sempre haverá espaço para se questionar se o movimento é certo. E nenhum deve acontecer até que todas as partes da vontade se alinhem à direção para onde quer se mover. Diversas Escrituras vêm à mente. "Todo reino dividido contra si mesmo será arruinado, e uma casa dividida contra si mesma cairá" (Lc 11:17). Como qualquer coisa continuará de pé se está implodindo? "Ninguém que põe a mão no arado e olha para trás é apto para o Reino de Deus" (Lc 9:62). E tem de ser assim para que o casamento funcione, ou mesmo qualquer outra coisa que exija compromisso total. Ou veja o seguinte: "Se [alguma] de vocês tem falta de sabedoria, peça-a a Deus, que a todos dá livremente, de boa vontade; e lhe será concedida. Peça-a, porém, com fé, sem duvidar, pois [aquela] que duvida é semelhante à onda do mar, levada e agitada pelo vento. Não pense tal [mulher] que receberá coisa alguma do Senhor; é alguém que tem mente dividida e é instável em tudo o que faz" (Tg 1:5-8). Uau! Até mesmo Deus quer que você se decida.

Consegue imaginá-Lo atendendo a uma de muitas preces e assim mudando o desejo de alguém no meio do caminho? Deus não será reduzido a um garoto de recados de um mestre indeciso. Por isso, Ele espera. E não apenas pela certeza a respeito do desejo, mas também que seja alinhado com onde Ele quer levá-la para que ande na plenitude das bênçãos que lhe preparou. O que está esperando?

Vamos fazer um balanço de onde você está

Que sonhos não se realizaram em sua vida?
Que mentalidade a mantém presa a seu modo de viver atual?
Em seu ambiente, o que a impede de ver uma direção para sair da situação atual?
Do que precisa para experimentar viver um avanço pessoal?
O que pode fazer para romper seu padrão "normal" de vida?

Solução: Tire sua vida do modo de espera

"Estou entediada!" Bem, de quem é a culpa? As únicas pessoas interessadas em entretê-la são aquelas pagas para isso; caso contrário, estará praticamente sozinha. A vida é uma festa criada por você; não espere o convite. Estou certa de que, se estivéssemos em um episódio de *Family Feud*[1] (*Jogo das Famílias*) e a pergunta fosse quais são algumas das coisas estúpidas que solteiras fazem, iríamos ouvir o apresentador gracejar: "E a pesquisa diz... Elas colocam a vida em modo de espera!".

Até mesmo eu ergo um dedo de culpada nesse sentido. Graças aos céus essa etapa de minha vida passou e finalmente a compreendi. A única coisa que deve ser reservada para o casamento é o sexo (mas falaremos sobre isso mais tarde). Caso contrário, é hora de deixar os jogos

---

1 Programa de TV exibido no Brasil pelo canal SBT em 2005 e 2006, cuja formula básica eram perguntas em forma de pesquisa feitas para cem pessoas. As famílias tentavam adivinhar as respostas mais votadas. No final, a família vencedora retornava ao próximo programa. (N.T.)

começarem. Pare de esperar alguém que irá fazer sua vida acontecer. Há um mundo de possibilidades infinitas de uma existência de prazer e realização ao seu alcance. Felizmente, como solteira, todos os seus recursos se destinam a investir em viver a vida que quer, sem ser limitada por mais ninguém. Isso lhe traz opções e oportunidades que com certeza serão invejadas pelos amigos casados. Não há melhor momento do que o presente para apreciar o que talvez você não seja capaz de fazer amanhã por causa de outras prioridades.

Com o que se parece uma vida sem limites? É absolutamente emocionante. Repetidas vezes, peço às pessoas que completem essa afirmação: "Eu sempre quis_____". Bem, o que a está impedindo? Certamente, sua desculpa não deve ser "Não tenho um companheiro". Até que aquele abençoado acréscimo a sua vida aparece para alegar que sua existência deveria ser repleta de atividades realizadoras e experiências incríveis que a engrandecessem intelectual, emocional e espiritualmente como pessoa. Em outras palavras, comece a viver. Comece uma vida que a torne interessante e intrigante para os outros. Uma vida bem vivida, cheia de paixão e interesses, funciona como um ímã: atrairá pessoas fantásticas até você. Por isso, vá em frente e envolva-se.

Primeiro, saia da rotina regular. A fim de ter novas experiências, você precisa fazer coisas novas. Se vive uma rotina semanal de trabalhar, ir à igreja e voltar para casa, há muito espaço para melhorar. Selecione atividades que a interessem ou a tirem da zona de conforto. Lembre-se, se escolher coisas que realmente lhe agradem, haverá chances de que encontre outras pessoas com os mesmos gostos, criando um solo fértil para que ache seu parceiro ideal. De acordo com Dr. Neil Clark Warren,[2] fundador da eHarmony.com, quanto mais coisas duas pessoas têm em comum, maiores as chances de cultivarem uma relação duradoura.

"Bem, que tipo de coisas você sugere, Michelle?" Sugiro que experimente qualquer coisa que a deixe curiosa, o que envolve aperfeiçoamento próprio, ou então desenvolva um conjunto de habilidades, participe da comunidade, ou dedique-se a obras de caridade. Seja ativa em áreas que considera interessantes. Analise aquelas que abordam coisas que sente faltarem em sua vida. Por exemplo, se o alarme de seu relógio biológico está a toda velocidade, por que não considerar orientar crianças? Envolva-se com as da igreja ou engaje-se em um programa para jovens. Pare de insistir em um único caminho em busca da realização pessoal ou de ampliação de oportunidades.

Participe de aulas em uma área que a interessa. De diversão a educação, elas constituem ótimas maneiras para que ultrapasse os limites atuais, aumente o conhecimento e encontre pessoas interessantes. E acrescento aqui que talvez precise transpor as paredes da visão religiosa. Muitas de nós têm uma opinião pouco saudável sobre santidade, e muitas vezes ela acaba parecendo entediante. Não

....
2 Neil Clark Warren (nascido em 18 de setembro de 1934) é um psicólogo clínico americano, teólogo cristão, professor de seminário, presidente e cofundador dos sites de relacionamento on-line eHarmony e Compatible Partners. (N.T.)

acredito que Jesus fosse entediante seja qual for o ponto de vista. Era bastante sociável e sempre pronto a comparecer a um bom jantar, banquete, casamento ou celebração, vivendo em um círculo de amigos e associados ecléticos – dos muito ricos aos excluídos socialmente. Os fariseus horrorizavam-se por Suas companhias e pelos lugares que frequentava, e ainda O acusaram de comer e beber em demasia. Mas Jesus tinha uma vida interessante, para dizer o mínimo. As pessoas mais improváveis acolhiam a Ele e a Seus ensinamentos, por causa de Sua influência amigável. Lembre-se, a vida tem de parecer atraente para que outras pessoas queiram se juntar a você. Assim como Jesus, você precisará ver a vida religiosa com outros olhos para que a vida seja cheia de emoção e realizações.

Dito isso, verifique os motivos pelos quais faz o que faz e frequenta determinados locais. Será que pensa que encontrará o cara dos seus sonhos? Ou está realmente interessada no que as aulas ou atividades têm a lhe oferecer? Tudo deveria, em primeiro lugar, voltar-se para você mesma. O motivo não deve ser encontrar alguém. Confie em mim. Rute não pensava que encontraria Boaz ou qualquer outro homem quando foi trabalhar na colheita. Concentrava-se na alimentação e sobrevivência, e ainda assim acabou com um homem rico (Rt 2-4)! Conhecer alguém deve ser uma consequência do que você faz, e não o primeiro objetivo. Enquanto isso, prepare-se para expandir seus interesses pessoais.

Que outros sonhos você acalenta? O que deseja adquirir? Não espere que um homem venha e lhe compre joias e bugigangas; estabeleça um padrão para eles seguirem. Adquira algo que sinalize que você é uma mulher de qualidade. Não sei o que pensa, mas esperar que um cavaleiro de armadura brilhante apareça, case-se comigo e compre-me uma casa é coisa do passado. Como os aniversários começaram a se acumular, acabei me arriscando e comprei uma casa. Fui advertida por um amigo bem-intencionado que deveria esperar, pois a compra daria a impressão de que estava "resolvida" e, assim, havia desistido da ideia de me casar. Isso simplesmente não era o caso. Acontece que senti ser um ato sábio adquirir uma propriedade. Casada ou não, dar o meu dinheiro (e é isso que se faz quando se aluga uma casa) não estava sendo uma boa administração de que Deus tinha me abençoado. A perspectiva mais prática de entender a compra é pensar que terei algo para levar para meu casamento, independente de quando se concretize. O mercado imobiliário é um dos melhores investimentos para um retorno lucrativo garantido. Quando meu marido aparecer, iremos adquirir outra casa e teremos patrimônios para nosso futuro. Comece a pensar em como incrementar sua garantia financeira, o que certamente abrandará a posição de recém-casada. Toda garota deveria ter um pequeno dote para compartilhar como quiser ou simplesmente para aumentar sua própria segurança.

E sobre viagens a lugares exóticos? Por que esperar até ter um romance? Talvez o romance a esteja esperando lá. Está entendendo minhas palavras? Trata-se de fazer a vida acontecer. Quando aquele homem entrar na sua vida, ele terá de interromper algumas coisas. O oposto dessa situação é que você o sufocará completamente estando muito disponível e desesperada por atenção a fim de preencher as lacunas da sua vida. Que coisa chata! Alguma vez já teve um homem que gostava de você muuuuito mais do que você dele? Não conseguia se livrar do sujeito, que exigia todo seu tempo. Como reagiu? Não ficou simplesmente interessada nele, certo? Na verdade, fugiu como se ele fosse uma peste. Era muito carente, não muito interessante e talvez um pouco assustador. Bem, considere a situação no sentido inverso. Você está entendendo por que sua vida tem de acontecer antes de encontrar um homem?

Se já leu algum de meus outros livros, conhece meu versículo favorito das Escrituras: "Quem está satisfeito despreza o mel, mas para quem tem fome até o amargo é doce" (Pv 27:7). Se você não vive uma vida repleta e enriquecedora antes de encontrar o parceiro em potencial, acaba ficando com alguém que normalmente não desejaria, pois o desespero vai levá-la a aceitar qualquer coisa. Mas uma vida plena, e, portanto, satisfatória, irá torná-la muito mais exigente em suas escolhas amorosas simplesmente porque você pode se dar ao luxo de ir com calma e fazer a coisa certa.

Ter uma vida não apenas responde à questão desesperada, mas também define os padrões de respeito que receberá de um potencial interesse amoroso. Ele nem irá subestimá-la nem o fará com seu tempo, pois já tinha uma vida antes de conhecê-lo. Agora, você é uma caça à espera de ser capturada. Um desafio. Um prêmio. É preciso fazer aquele homem conspirar e planejar meios de obter mais de seu tempo. Deixe-o imaginando formas de conquistá-la em vez de querer se esconder de você. Quanto mais completa for sua vida, mais fascinante você será. Mais estimulante será a conversa que terá para oferecer. Mais ele vai adorar como se sente quando está perto de você, e desejará querer prolongar esse momento. Quando se tem uma vida plena, não há lugar para jogos ou manipulações. A vida tratará de deixá-la mais intrigante. O equilíbrio é a maneira como você se apresenta para ele. Assim, sinta-se feliz em conhecê-lo, mas não tenha tempo suficiente para correr atrás dele. Entendeu? Faça-o sentir-se desejado, mas não necessário – há uma diferença. O primeiro a torna interessante; o segundo a transforma em uma praga.

No entanto, esse pode ser o motivo pelo qual muitas mulheres realizadas escorregam e chegam à conclusão de que intimidam os homens e, por isso, não há esperança para elas. Por favor, saiba de antemão que todos os meus comentários se baseiam em *homens*, e não em garotos. Mais uma vez, há uma diferença. O verdadeiro homem gosta de ter uma mulher nos braços a qual mantenha os próprios interesses. Mas ele *não* quer uma mulher excessivamente impressionada consigo mesma. Deixe um espaço para o homem exaltar as qualidades dele. Na verdade, deixe-o descobri-la, e também a tudo o que conseguiu pouco a pouco. Como surpresas agradáveis. Não há necessidade de exagerar. Você quer que ele se apaixone por *você*, a mulher. Não por suas realizações ou aquisições materiais.

Demonstre mais interesse nele do que em si mesma. Às vezes, aquelas mulheres muito ocupadas podem viver esgotadas, sempre no modo visionário. O homem quer uma mulher que esteja presente, interessada por ele e impressionada com o que traz para a vida dela. Cabe ao homem encontrar maneiras de fazer a mulher também se sentir amada, assim como trazer algo tangível para o mundo dela. Deixe espaço para que o romance aconteça. Em alguns casos, isso significa que, mesmo que você consiga fazer algo sozinha, deve deixá-lo assumir. Nenhum homem gosta de se sentir desnecessário. Ele precisa criar um espaço para si no mundo da mulher e no coração dela. Encontre maneiras de elogiá-lo mais do que as coisas que você mesma tem feito, e ele assumirá as realizações que você alcançou com orgulho.

Essa também é a hora de cultivar boas amizades com pessoas de ambos os sexos. Outros homens e mulheres. O casamento será tão rico quanto as amizades que você cultivar. Fique atenta a tudo o que pode ser aplicado a seu casamento: comunicar-se de modo franco, compartilhar coisas importantes, analisar e resolver ofensas, manter expectativas de dar e receber, comprometer-se, adotar uma postura sensível às necessidades dos outros, ser boa ouvinte, nutrir um coração servil, ser transparente e responsável para alguém. Enfim, dar 100% de si incondicionalmente.

Sim, a amizade é o ensaio antes do casamento. Amizades platônicas com homens são importantes porque, encaremos a realidade, não podemos aprender sobre eles com amigas. Homens são diferentes, têm outra forma de pensar, o raciocínio se processa em outro comprimento de onda. Portanto, o melhor jeito de conhecê-los é observando-os, conversando com eles, ouvindo-os. A maioria das mulheres avalia as respostas dos homens a partir de como eles reagem às coisas. Não é assim que se chega a uma leitura precisa sobre um homem. Os pressupostos que levantamos quando se trata deles costumam nos fazer pender para o caminho do autoengano, no qual cometemos erros destrutivos que não apenas afetam o resultado do relacionamento, mas também nosso coração. Aproveite o tempo para fazer amizades masculinas e valorizá-las. Viva, ria e aprenda com os homens. Quando são francos, as revelações podem ser as mais surpreendentes. E tornam-se francos ao se sentirem seguros, ou seja, quando estão nos limites de uma amizade que não espera nada deles.

Agora também é o momento de passar o tempo de forma construtiva, alimentando a amizade com outras mulheres, assim como com os familiares. Fico surpresa com o número de pessoas que, apesar de querer se casar, têm rixas pendentes com membros da família e muitos relacionamentos inconsistentes. É um autoengano pensar que, se tiver questões não resolvidas com aqueles que deveria estar em paz em seu círculo mais próximo, você será capaz de sobreviver a conflitos com um cônjuge. Todos os outros relacionamentos são testes para a pós-graduação chamada casamento. Liquide os débitos com aqueles que fazem parte de sua vida agora. Limpe a lousa e deixe seu coração saudável novamente, para que esteja livre para dar e receber amor. Pensar que o parceiro ideal resolverá todos os outros dramas de relacionamento não é realista. Pelo contrário, casar-se irá ressaltá-los. Confie em mim.

O casamento trará à luz todas as questões não resolvidas, sem maneiras novas para solucioná-las.

Em poucas palavras... Nunca deixe para amanhã o que pode fazer hoje. Nunca coloque tanta confiança de que outra pessoa irá completá-la e deixe os assuntos importantes da vida pendentes. A pergunta que não quer calar: Se Deus lhe dissesse que você nunca iria se casar, o que mudaria no modo como encara a vida? Com o que você se ocuparia? De que maneira suas prioridades mudariam? O que faria com o resto de sua vida? Como iria lidar com os relacionamentos que já fazem parte dela? A verdade é que do amanhã não se sabe. Nenhuma de nós pode se dar ao luxo de deixar a vida passar acreditando em um talvez. Esse também é um bom motivo para não abandonar os amigos quando o "homem dos sonhos" entrar em cena. Lembre-se de que os amigos estavam lá antes que ele aparecesse, e ainda estarão se o sujeito não durar pelo resto de sua jornada de amor.

Depois que tudo foi dito e feito, a única coisa passível de ser controlada envolve você mesma e sua perspectiva de vida, e esta será tão emocionante quanto quiser. Não deixe que outro ser humano assuma as rédeas, pois poderá falhar com você. Vamos encarar o fato: a vida acontece. Assim como a morte, a decepção, os problemas de saúde, o desemprego e uma infinidade de interrupções invisíveis de nossos planos perfeitamente definidos de felicidade e realização. Jesus disse: "Portanto, não se preocupem com o amanhã, pois o amanhã se preocupará consigo mesmo. Basta a cada dia o seu próprio mal" (Mt 6:34). Até mesmo Ele, apesar do conhecimento onipotente das coisas que estavam por vir, vivia o presente todos os dias. Jesus mergulhava completamente no que a cada momento estava diante Dele. Portanto, não cabe a nós, que não temos conhecimento total do que o amanhã nos reserva, seguir Seu exemplo estando presentes, vivendo na plenitude de onde estamos agora, exatamente onde estamos?

Encarando a realidade

Em que áreas você tem ficado estagnada na vida?
O que vai começar a fazer de forma diferente?
O que faria de maneira diferente se não fosse se casar nos próximos cinco anos?
O que gostaria de experimentar, que viagens gostaria de fazer e que coisas gostaria de ver?
O que a está impedindo?

Por isso recomendo que se desfrute a vida, porque debaixo do sol não há nada melhor para [a mulher] do que comer, beber e alegrar-se. Sejam esses os seus companheiros no seu duro trabalho durante todos os dias da vida que Deus lhe der debaixo do sol! (Ec 8:15)

Rei Salomão, depois de muito pensar no final de seus dias.

ERRO NÚMERO 3

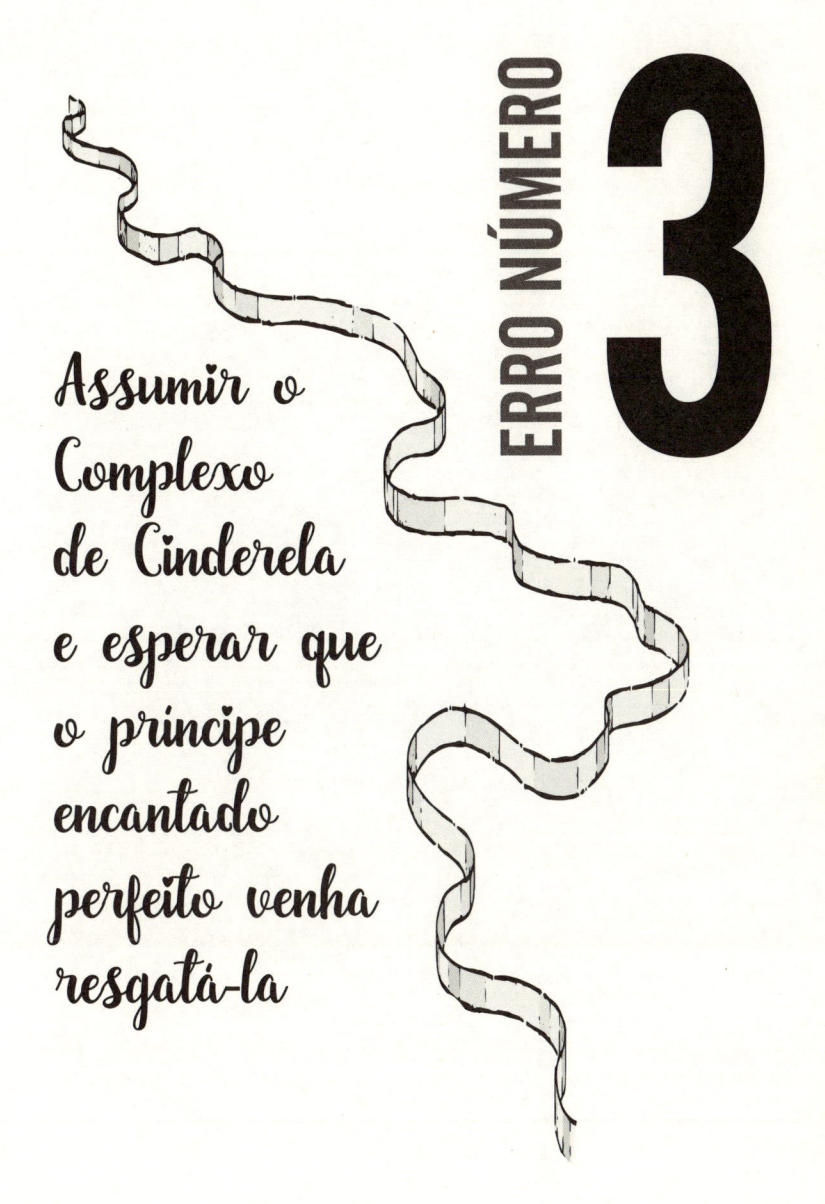

Assumir o Complexo de Cinderela e esperar que o príncipe encantado perfeito venha resgatá-la

Apenas pensando em voz alta...

Por toda vida, ele sonhou em encontrar um amor para chamar de seu, e finalmente ela surgiu. Aquela que havia procurado para ter e conservar para sempre, amém. E o fez pagar o preço que valeu a pena pela mão dela. Era tão bonita. Doce. Desejável. Ele mal podia esperar para tomá-la como noiva. Ela também o via como tudo o que havia desejado. Bonito e jovial. Imediatamente se apaixonou. Um beijo os levou às lágrimas, tão intensa a paixão que sentiam um pelo outro. Amá-lo era o paraíso na Terra. Fizeram planos para o futuro e contaram os dias até se tornarem um só.

    E, então, o momento abençoado do casamento. Que festa! Assim como a antecipação, a alegria era grande. Por fim havia chegado o dia em que poderiam derramar seu amor mútuo sem reservas. Mas a lua de mel foi um turbilhão, tão envolvidos estavam com a intoxicação do que acontecia. E então tudo acabou tão rápido quanto tinha começado. Ela não era a mulher com quem ele sonhara. E, na mente dela, ele também não. Afastaram-se para cantos separados perguntando-se o que dera errado. Quem havia invertido o roteiro daquela história de amor? Não tivera o final feliz que os dois esperavam. De quem era a culpa, e como iriam resistir à tempestade que enfrentavam? Colocando todas as expectativas de lado, ambos haviam esperado por algo que não receberam. Ela, um marido que a amasse incondicionalmente e festejasse sua beleza, tratando-a como um achado precioso. Ele, uma esposa que havia desejado mais do que qualquer outra coisa, uma parceira e melhor amiga com quem gostaria de compartilhar segredos.

Em vez disso, ela recebeu um marido que se enterrava no trabalho, o olhar vagando para alguém que desejava mais do que a ela. Viu-se sobrecarregado com uma mulher que não amava, tendo filhos mais rápido do que era capaz de alimentar os próprios sentimentos. O que havia sido um sonho romântico se tornara um pesadelo para Jacó e Lia. (A história deles está em Gn 29-35.) Além deles, os filhos também sofreram por terem sido submetidos à terrível verdade de que não havia amor entre os pais. Como é decepcionante deixar esta terra considerando um amor que poderia ter sido, mas nunca foi, e os anos gastos apenas subsistindo em vez de prosperando com a pessoa ao lado.

E Raquel, a outra mulher desse triângulo? Ela era a única que Jacó realmente amava, mas, devido às manipulações do próprio pai, viu o homem que amava mais que tudo se casar com a irmã dela, Lia. Ainda que Jacó tenha trabalhado mais sete anos para o pai de ambas e a desposado também, a fantasia maravilhosa de Raquel de como compartilhariam a vida foi marcada pelas circunstâncias imprevisíveis com as quais ela deparou. Sua união com Jacó estava longe de ser o casamento perfeito que havia imaginado.

Estou certa de que Lia também sofreu. Por um tempo, ela deve ter tido a esperança de que o homem que fora enganado para se casar acabaria se apaixonando. Bastaria que fosse a melhor esposa possível, abençoando-o com filhos para alimentar seu orgulho, e ele se aproximaria. Mas, não importa o quanto tenha tentado, nunca foi aceita. Nunca foi festejada. Nunca foi amada. Apenas meramente tolerada. Talvez até tenha se sentido usada. Pense nas noites solitárias que passou sabendo que ele estava com alguém a quem amava mais. E mesmo que Raquel fosse sua irmã, ela ainda era a outra mulher, por isso a dor no coração de Lia não se atenuava. Cada vez mais desiludida, sentindo-se mais rejeitada que nunca, ela provavelmente transferiu seu amor aos filhos, mimando-os na esperança de receber deles um amor que nunca recebera do marido. Esses não formam exatamente os ingredientes de uma vida doméstica saudável e funcional.

É seguro dizer que todas temos sonhos e fantasias de nosso cavaleiro de armadura reluzente aparecendo para levar-nos no cavalo branco de nossas expectativas. Esses sonhos podem se tornar cada vez mais grandiosos com o passar dos anos. Será bonito? Será rico? Quanto mais esperamos nosso príncipe, mais nossa lista de pré-requisitos cresce. Podemos realmente nos imaginar com um bom partido se não despertarmos de nosso sono, sentir o cheiro de café e beber um gole de realidade. Quando a fantasia se torna uma imagem maior do que as escolhas à nossa frente, estamos em apuros. Nossa insistência em ter exatamente o que queremos pode amarrar as mãos de Deus, levando-nos a acusá-Lo de falhar em atender a nossos pedidos.

Talvez você tenha ignorado diversas possibilidades que apareceram em seu caminho. Humm... Este vai ser um capítulo quente, então vamos começar.

Vamos falar a verdade e envergonhar o diabo

Quais são os três requisitos principais para o homem de seus sonhos?
Quantos desses atributos são duráveis?
Quantos deles afetam seu bem-estar emocional e espiritual?
Quão importante é para você a química entre um homem e uma mulher?
Como a química atua em um relacionamento duradouro?

Solução: Mate a fantasia

Tudo bem. É hora de arregaçar as mangas e trabalhar comigo. Sei que pode ficar sério quando você começa a lidar com o que realmente quer, mas alguém precisa acabar com isso para que possamos seguir em frente. É incrível quanta energia colocamos em categorizar nosso "tipo" de homem, e ainda assim encontro pouquíssimas pessoas se casando com seu tipo. Isso indica que geralmente o nosso "tipo" apenas "não é certo" para nós. Sei que essa afirmação causa arrepios em algumas irmãs. Senti a terra se mover só em digitar essas palavras. Por isso, vamos considerar esse assunto cautelosamente. Os fatos concretos, madame, voltam-se para o que precisamos olhar.

Primeiramente, a menos que você esteja num curso superior, onde há bastante espaço e atividades voltadas para conhecer novas pessoas que podem ser companheiros em potencial, sua quantidade de opções será muito limitada para desperdiçar tempo precioso insistindo em coisas que não afetam a qualidade dos relacionamentos. Por exemplo:

ele precisa ser mais alto do que você ou não vai levá-lo em consideração. Ele não se veste da forma como você gostaria. Você quer que ele se pareça com seu ator de cinema ou astro dos esportes favorito. Deve ter muito dinheiro. Ostentar uma barriga tanquinho e conservar todos os cabelos na cabeça. Bem, você conhece a lista. Agora se livre de tudo isso e vamos começar a trabalhar.

Qual é a vantagem de ter uma casa bonita se não há ninguém nela? Ou, ainda pior, há alguém, mas as luzes do andar de cima estão apagadas, ou seja, é como se não houvesse ninguém. Um homem bonito não representa nem de longe a garantia de um relacionamento duradouro. Vai ser preciso mais do que gostar da vista para manter a casa de pé e fazer a relação funcionar. Especialmente se você está lutando com o espelho.

A grande pergunta para se fazer é como gostaria que fosse sua *relação*, e então encontrar alguém que a faça acontecer. Essa pessoa pode vir em um pacote que você não está esperando. Agora, não se anime. Alguém em uma conferência de solteiros com quem conversei recentemente parecia agitada pelo fato de que a maioria das amigas casadas felizes registrava o mesmo comentário em relação aos maridos: "Nunca pensei que acabaria com alguém como ele. Não era meu tipo". Isso a levou a me perguntar: "Por que não posso ter tudo? Se quero alguém que seja bom, o que há de errado nisso? Por que Deus faria com que eu me apaixonasse por alguém que se parece com o Quasimodo?". Depois que parei de rir, respondi: Por favor, saiba que Deus não é um cupido caprichoso que sai por aí disparando flechas e fazendo com que nos apaixonemos por burros ou homens que se parecem com o Shrek, certo? Ele não *faz* com que nos apaixonemos por ninguém. Na verdade, acontece que amor reage a amor, e às vezes você ficará surpresa ao descobrir como ele se parece! As ações e as palavras de uma pessoa atraem nosso coração para que se abra e as aceite. O que inspira emoções amorosas é a maneira como os homens nos fazem sentir sobre nós mesmas. Portanto, precisamos encontrar não uma pessoa que se pareça com o homem de nossos sonhos, mas aquela que incorpore as coisas de que necessitamos a fim de manter um relacionamento duradouro e gratificante. Ao olhar através dos olhos do amor, você se surpreenderá com o que é capaz de ver. O amor embeleza. Então, não é uma questão que envolva se Deus a fará se apaixonar por uma pessoa feia. Na verdade, o amor pode fazer alguém agradável ao olhar parecer incrivelmente lindo para você. Por isso, o que é mais importante? Que seus olhos gostem do que veem ou que o coração se sinta feliz e o relacionamento seja seguro? Decida.

Agora, alguém está gritando: "Mas tenho de me sentir atraída por ele!". É verdade. Mas afirmo que a maioria de nós não dá às pessoas tempo suficiente para que se tornem atraentes a nossos olhos. A química mais sustentável é construída lentamente. Vamos dar uma olhada realista nela. A química é exatamente isto: uma situação inflamável que pode explodir ou ser propagada a qualquer momento, pois não há nada específico para mantê-la. Ela não soma em relacionamentos de longa duração, mas o compromisso sim. Quando duas pessoas honram o compromisso que assumiram mutuamente, o amor cresce e o respeito se aprofunda, fazendo o desejo e a paixão de ambos florescerem.

    Posso desafiá-la a uma pequena experiência? A próxima vez que alguém convidá-la para um café ou um jantar, aceite mesmo que ele não seja seu tipo. Se for honesta consigo mesma, sabe que não o conhece o suficiente para não gostar dele, então considere o que chamam no mundo da moda de *"go-see"*[3]. Você verá se gosta ou não do sujeito depois de lhe dar a oportunidade de conversarem. Agora, vou me aprofundar no assunto. Se você sai pela primeira vez e conclui que não gosta dele, a menos que perceba que é alguém perigoso, tente mais uma vez. *Por quê?* Porque, quando as pessoas estão ansiosas, fazem coisas estúpidas, e todos ficamos ansiosos no primeiro encontro, por isso dê a ele outra chance. Quem sabe? Mesmo que o sujeito não venha a ser o príncipe encantado, pelo menos pode se tornar um bom amigo, e certamente, como solteiras, não devemos dispensar muitos jantares de graça. Brincadeirinha, mas há um tantinho de verdade nisso. É um exercício meramente para que ultrapasse as regras e se abra a novas possibilidades. Talvez fique agradavelmente surpresa.

    Suponhamos que ele tenha apenas 1,72 m e seja da sua altura, mas a faz rir e gosta até do espaço entre seus dedos dos pés... Você vai realmente deixar passar essa

---

[3] Termo técnico da área de moda. Trata-se de uma visita de apresentação a clientes, produtores de moda e fotógrafos. (N.T.)

oportunidade enquanto espera pelo Sr. 1,87 m, elegante como vinho, mas que esquece seu aniversário e só retorna as ligações depois de três dias? Vamos comparar os sentimentos que esses dois geram... Hum... Na minha opinião, não é tão complicado assim.

Seguindo em frente, que tal isso? Ele deve ser perfeito. Não dizemos isso, mas certamente fica subentendido. Queremos que ele seja esculpido e de boa aparência, o corpo bonito. Esse pode ser um pedido razoável se você não tiver cruzado a linha dos 30 metros e, além disso, a menos que se envolva com um homem mais jovem, poderá acabar com uma versão ligeiramente diferente daquela que desejava. A questão toda é altamente subjetiva; no entanto, aqueles que gastam mais tempo esculpindo os corpos do que melhorando o caráter me deixam indiferente e pouco impressionada. Sinta-se da mesma forma. Confie em mim; gosto muito de uma passagem em Provérbios 31:30a: "A beleza é enganosa, e a formosura é passageira". Em outras palavras, com o passar do tempo tudo passa, por isso algo precisa permanecer intacto. Agora, a outra parte dessa questão: você é o que deseja ser? Alguém que cuida do próprio corpo fica bastante atento a isso em relação a outras pessoas. O Sr. Corpo Sarado normalmente está procurando a Sra. Corpo Sarado. Como todos temos tendência ao narcisismo, prepare-se para atrair pessoas com o que você é.

Afaste todas as crenças relacionadas à aparência física. Como alguém que trabalhou no mundo da publicidade, sei do que precisam todas aquelas pessoas na televisão e em anúncios impressos para ficarem bonitas: muito tempo, maquiagem e retoques. Olhe as pessoas de seu mundo, que têm a aparência da vida real. Não são perfeitas, mas, se as olhar mais de perto, verá que as falhas tornam as pessoas interessantes.

Talvez não encontre o companheiro maravilhoso que procura nessa sua corrida. Oh, ficou sem ar? Espanta-me como muitas pessoas fazem restrições sobre de onde o amor pode vir. E, ainda assim, não é ser amada e amar que você espera? Quanto mais as opções vão aumentar se você ampliar seu alcance? Algumas diriam que não vão se contentar com menos do que desejam em um parceiro, mas você não está se contentando em ficar sozinha se não verifica todas as oportunidades disponíveis para um relacionamento satisfatório? Será que está aberta para ser surpreendida pelo local onde pode encontrar o amor?

Sermos parte de uma comunidade global que está evoluindo rapidamente com o tempo significa nos tornarmos mais abertas para as infinitas possibilidades de como Deus responde ao clamor de nosso coração. Ele é completamente capaz de misturar o que queremos com o que sabe que precisamos, mas às vezes o resultado chega em pacotes inesperados. A lista mais segura seria a de atributos *versus* a aparência exterior. Há rumores de que, embora julguemos pela embalagem, Deus, infinitamente mais inteligente que nós, se impressiona muito mais como o que há no coração. Depois de vários anos sendo movida por todo tipo de coisas erradas, estou com Ele.

É fundamental para seu nível de alegria observar uma verdade gritante: não há exemplares perfeitos da humanidade. Todo mundo tem uma falha, dentro ou fora de si. Se ele tem uma aparência incrível, adivinha? Em algum momento seu hálito é ruim, sofre de gases, solta "puns". Ou seja, terá algumas pequenas peculiaridades que vão irritá-la. E não me entenda mal. Você tem coisas que irão enervá-lo também. Acho que Deus permite que assim seja de propósito para que todas aprendamos a deixar que a graça atue. Se pudéssemos ver, abaixo da superfície, as coisas duradouras e genuinamente importantes de alguém, as oportunidades de amor verdadeiro aumentariam a passos largos.

Não se preocupe com a maneira como ele se veste nem com todas as outras coisas estranhas que precisam de correção. Você supostamente deve somar à vida dele e torná-lo um homem melhor. Ele tem esperado seu toque para aperfeiçoá-lo, para poli-lo. Para levá-lo ao próximo nível do que Deus o criou para ser como homem. Lembro-me de conversar com uma amiga que me contou não se sentir atraída pelo marido no início do relacionamento. Eu não conseguia acreditar naquilo porque ele é um irmão atraente. Quando perguntei o motivo, ela me respondeu: "Querida, ele não era assim até que coloquei minhas mãos nele. Você está olhando para minha obra!". Por isso, ao contrário dos contos de fadas, seu cavaleiro pode aparecer com uma armadura enferrujada que precisará ser polida. Seu príncipe pode precisar de um corte de cabelo diferente. Quando você acrescenta sua assinatura, transformando o guarda--roupa dele e até mesmo seus hábitos, acaba customizando seu homem. Mas lembrem-se, meninas, ele será todo seu. Embora não seja perfeito em todos os padrões evidentes, poderá ser perfeito para você, se dedicar tempo para descobrir todo o potencial abaixo da superfície. Se está pronta para um desafio, diga "sim".

Voltando o olhar para médicos, advogados, homens de negócios e empresários... os personagens dos sonhos de toda garota, no mundo real quantos deles você encontra no dia a dia? Além disso, alguma vez já conversou com a esposa de algum desses profissionais? Eles nunca estão em casa! Em geral, essas mulheres são muito solitárias. Sinto muito por desmanchar seu castelo de areia, mas homens ricos normalmente estão fora fazendo dinheiro até acreditarem que têm o suficiente para a aposentadoria ou para a satisfação do seu ego. Se você avalia o amor do homem pela presença, esse pode não ser o par que imaginou.

Mas vamos dar uma olhada no porquê de a maioria das mulheres sonhar com um príncipe belo e rico por quem se apaixonar e partir para longe. Todas nós desejaríamos ser cortejadas por um belo homem, apesar de nosso estado de imperfeição. Mas, novamente, aqui a realidade colide com a ficção: a espera de sermos resgatadas geralmente nos deixa... bem, esperando sermos resgatadas.

Essa linha de pensamento é realmente correta? Vamos trocar os papéis. Você será o homem por um minuto. Trabalhou duro a vida inteira para se tornar o que é. Para adquirir o que tem. Para se livrar das dívidas e assegurar a segurança de seu futuro. Então conhece uma mulher que não tem nada além de um rosto bonito. É meiga, e inteligente também. Charmosa, espirituosa... e parece amá-lo de verdade. Mas vive mergulhada em uma pilha de contas e não parece dar os passos certos para ser responsável por elas. Na verdade, está gastando mais dinheiro e quer que você financie alguns dos desejos dela. Como se sente sobre isso? Sente-se inspirado para resgatá-la ou agarra o talão de cheques e cartões de crédito e foge? A vida é complicada. Ninguém quer assumir os débitos de outra pessoa.

É claro que nem todas as mulheres que desejam ser resgatadas focam-se em assuntos financeiros. Algumas querem resgate emocional. Essa também é uma posição difícil. Antes de tudo, os homens nunca estarão à altura das expectativas femininas. Nem serão capazes de fazer o suficiente para que a mulher se sinta bem consigo mesma. Portanto, a melhor maneira de se libertar é resolver sozinha a questão das contas. Isso vai exigir disciplina, mas no final valerá a pena o esforço. O resultado será você se sentindo bem e mais atraente para as perspectivas que encontrar. Não haverá nem bagagem para esconder nem esperança de que ele não a descubra cedo demais. Nenhuma conversa difícil que possa arruinar o brilho do romance, e certamente nada para promover mágoas mais tarde no relacionamento e deixar espaço para que as verdadeiras intenções sejam questionadas.

Propositadamente, escolha ser a "coisa boa" para um homem em vez de ser uma responsabilidade. Se é do tipo "estou esperando para ser resgatada", entrará no relacionamento com um grande golpe contra si mesma, o que irá causar problemas mais tarde. Quanto mais resolvê-los antes de entrar em um relacionamento, mais livre estará para apreciá-lo. Além disso, aperfeiçoar a própria capacidade de sobrevivência a prepara para enfrentar tempos difíceis, casada ou solteira. No curso da vida, sua habilidade de superação será testada. Não espere ser resgatada. Seja capaz de administrar a vida, com ou sem a assistência de outra pessoa, pois, mais uma vez, a vida acontece. O objeto ou pessoa em quem se apoia em busca de segurança talvez não esteja lá amanhã.

Seja capaz de cantar "Em Cristo, a Rocha sólida, me firmo; qualquer outro solo é areia movediça", e as palavras realmente fazerem sentido. No final do dia, terá um Provedor sólido. Um Sustentador incrível. Aquele que lhe dá valor. Aquele que irá amá-la apesar de você mesma e nunca a deixará ou desamparará. Enquanto isso, em seu conto de fadas pessoal, talvez o príncipe simplesmente não tenha corda bastante para subir a torre onde o espera para ser resgatada, ou o cavaleiro tenha perdido seu cavalo assim como o rumo, mas ainda assim siga mancando ao seu encontro. Pare um momento para olhar além da vestimenta, para dentro do coração dele, e vislumbrar suas intenções, e será movida pela força simples do caráter, do amor e da persistência. Não permita que o dragão a distraia das intenções puras e do futuro brilhante que ele lhe promete. Não é exatamente o pacote que esperava? Oh, minha irmã, olhe mais uma vez. O conteúdo é incrível.

Encarando a realidade

Como insistir no tipo ideal tem funcionado para você até agora?
Esse tipo é um padrão realista?
Como você quer que o relacionamento seja?
Será que seu tipo ideal será capaz de tornar realidade aquilo que você quer?
Você anseia ser resgatada de que coisas ou circunstâncias?
O que acontecerá se ninguém resgatá-la?
De que forma você pode garantir essas coisas para si mesma?
Como isso a fará se sentir?

Quando ela viu que a sua esperança não se cumpria, quando viu que se havia ido a sua expectativa, escolheu outro de seus filhotes e fez dele um leão forte. (Ez 19:5)

O profeta Ezequiel, falando sobre os planos alternativos de Israel.

ERRO NÚMERO 4

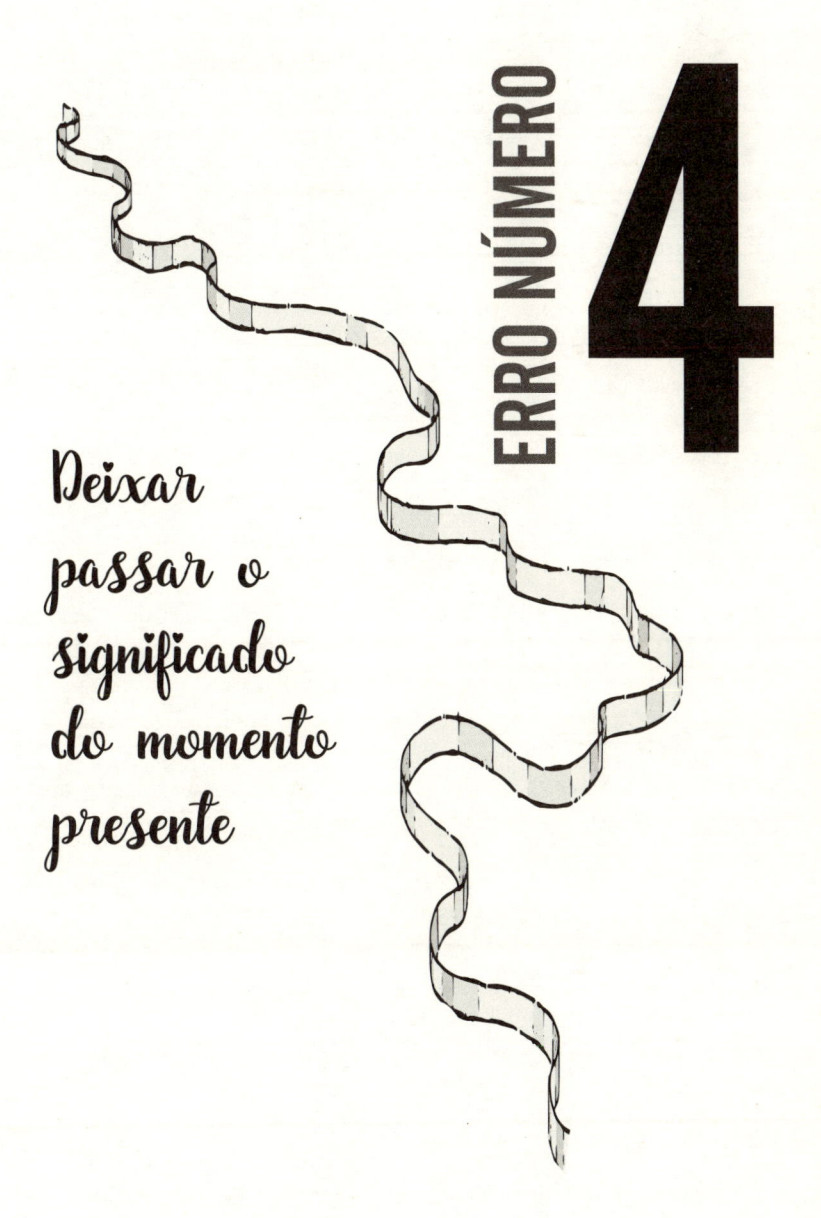

Deixar passar o significado do momento presente

Apenas pensando em voz alta...

Lá estava ela labutando. Fazendo a mesma coisa nos últimos três meses. Recolhendo as sobras do que outros haviam colhido. Uma etapa tinha se misturado à outra, e nada diferente acontecera em sua vida. Talvez o sol tivesse mudado de lugar. O ar esfriou um pouco desde o primeiro sopro do verão em transição para o final, mas não houve novas aventuras. Ainda assim, ela enfrentou o trabalho. Na verdade, havia paz naquilo. Sabia o que o dia traria. Sem surpresas. Passava o tempo compondo as próprias canções, baixinho. Sentindo a força percorrendo-lhe os membros pelo exercício do trabalho duro. Não reclamaria. Afinal, descobrira o campo de alguém que fora gentil a ponto de lhe fornecer refeições e mostrar-lhe bondade.

Ela computou as bênçãos enquanto encontrava novas alegrias no meio onde estava naquele momento. Uma flor inesperada entre o trigo, a cor formando um contraste vibrante contra a mesmice do que a rodeava. Os sorrisos agradáveis dos outros trabalhadores que levantavam as cabeças para um cumprimento, uma brincadeira ou uma palavra de encorajamento. Coisas que acrescentavam um manto musical a sua sinfonia interna. Logo a estação acabaria e outra iria começar. A única certeza era o que estava diante dela naquele dia; portanto, colheria o máximo possível e daria as boas-vindas ao dia seguinte com uma expectativa renovada. Estaria presente naquela estação sem tentar antecipar o que não podia abraçar naquele momento.

Tão entregue estava a seu presente que não percebeu quando os ventos mudaram e os olhos dele pousaram longamente sobre ela. Foi o conselho de outra pessoa que a encorajou a visitá-lo na eira naquele momento que a colheita havia terminado. E então verdadeiramente o que fora plantado veio a dar frutos doces e duradouros, superando tudo o que ela havia imaginado. Hum-hum, enquanto nossa garota Rute se focava apenas em juntar os pedaços de sua vida, foi notada por um homem rico chamado Boaz. O resto é história. (Leia a história no livro de Rute.)

Pode ser que a vida tenha lhe dado uma mão de cartas de que particularmente não gostou – talvez uma perda inesperada ou apenas uma espera longa demais por algo que desejava. Como seguir em frente quando não se sabe exatamente para onde está indo ou onde a estrada pode virar? Você cede a sentimentos de resignação ou amargura? Ou lida com o que tem, procura encontrar o tesouro entre os escombros e crê em Deus para um futuro melhor? Do que precisa para conquistar a vida que quer? Isso é realmente possível? Pelo que sei, para Deus todas as coisas são possíveis (Mt 19:26)!

Vamos considerar em que lugar estamos agora

O que aprecia em sua vida agora?
Do que não gosta?
O que gostaria de mudar?
Está em seu poder mudar as circunstâncias?
O que precisa fazer a fim de obter os resultados desejados?
Quando vai começar a dar os passos necessários para conseguir o que deseja?

Solução: Aceite a estação

Certa vez, no meio de um verão extremamente quente e úmido, avistei uma mulher descendo a rua, agasalhada da cabeça aos pés com gorro de lã, cachecol, casaco longo completamente fechado, botas pesadas e luvas. Imagine meu assombro. Comecei a suar só de olhar para ela. Outras pessoas na rua davam a volta ou de algum modo a evitavam porque obviamente algo estava muito errado. Ela não se vestia de acordo com a estação.

Talvez alguns de nós não cheguemos a usar trajes de inverno no verão ou vice-versa, mas em nosso íntimo vivemos completamente alheios às estações de nossa vida; portanto, sempre estamos onde não queremos, sonhando que a grama é mais verde do outro lado. Como digo, a única razão que justifica a grama mais verde é a presença de alguém trabalhando para deixá-la exuberante e bela. Sendo essa a causa, se você fizer a mesma coisa do seu lado da cerca, a grama poderá ser igualmente verde. É óbvio que aquele cuja grama é mais bela não desperdiçou muito tempo lamentando o estado do gramado. Ele simplesmente reconheceu a época para o plantio, o tempo certo para a fertilização e a estação para nutrir as sementes que recebeu. Realizou o trabalho para depois colher os resultados que queria.

Esse é o momento exato para que pare de perguntar por que não é casada e mude a indagação. Mude-a para o que deveria estar experimentando na vida neste momento. O que deveria estar cultivando? Onde deveria estar seu foco? Acredito firmemente que, quando Deus não nos tira de uma situação, Ele quer tirar algo de nós. Em minha própria vida, creio que Ele queria que eu fizesse exatamente o que estou fazendo agora, ou seja, escrevendo e falando com mulheres do mundo inteiro sobre vida, amor e superação. Isso nunca teria acontecido se tivesse me casado quando queria. Foi por causa de minha dor e insatisfação que comecei a procurar e encontrei as respostas que compartilho com você.

Se refletir sobre o padrão em que caí com todos os homens que encontrei na vida, teria de admitir que me assemelhava a um pequeno camaleão, transformando-me no que quer que eles quisessem. Vivia completamente presa ao mundo deles, a suas aspirações e sonhos, negligenciando até mesmo meus próprios interesses. Deus não poderia conseguir o que queria de mim. Levou um bom tempo até que me decidisse a não prosseguir com qualquer tipo de relacionamento e focasse no que exatamente deveria estar fazendo com minha vida para me colocar no caminho onde estou agora. Assim, posso ter tudo? Um homem e uma carreira como escritora e oradora?

É claro que sim, mas entendo que não é realista pensar que alguém pode conciliar tudo ao mesmo tempo. Em algum momento iria sofrer pela falta de foco. Algo em minha vida teria de mudar. As prioridades precisariam se alterar drasticamente para que me tornasse uma boa companheira para o homem que Deus me daria. Com o tempo, estarei disposta a reorganizar certas coisas, mas por ora me sinto feliz e entusiasmada com a vida, em pleno exercício de minhas paixões, sem me envolver em distrações que retardariam meu progresso. Estou na época do plantio. E sei que esse período vai passar.

Mas voltemos a você. Já esteve se perguntando o que há de errado com você? Agora lhe digo que a pergunta é equivocada. Se você tem se perguntado a mesma coisa repetidas vezes e não encontra resposta, é hora de formular uma indagação diferente. A pergunta certa seria: em que fase você está? Sempre digo que a pessoa certa no momento errado pode ser tão ruim quanto a pessoa errada em qualquer momento. Talvez o parceiro que Deus lhe reservou não esteja pronto, ou talvez *você* não esteja pronta. "A bênção do Senhor traz riqueza, e não inclui dor alguma" (Pv 10:22). Muitas coisas devem estar alinhadas para que uma conexão seja a correta. Ânimos e objetivos precisam estar harmonizados de forma que se complementem, em vez de competirem entre si. Foi com muito pensamento e precisão que Deus moldou Eva a fim de que fosse uma assistente adequada para Adão. Ele não deixou de ser um esmerado e cuidadoso casamenteiro.

Rute decidiu focar nas necessidades imediatas diante dela: construir uma vida para si e sua sogra, enquanto Orfa optou por procurar outro marido em vez de continuar com elas. Minha suposição se baseia no fato de que, quando lhe foi apresentada a nefasta previsão de conseguir um marido em Israel, preferiu voltar para Moabe e nunca mais ouvimos falar dela. Espero que tenha encontrado o que estava procurando, porém jamais saberemos. Orfa desapareceu na obscuridade com o resto das mulheres que fizeram do casamento seu único objetivo na vida. Não fique animada agora. Ser esposa é uma posição honrosa, um presente de Deus para o marido, mas o matrimônio não deve ser o que a define como ser humano. Embora a mulher de Provérbios 31 fosse uma esposa incrível, havia uma longa lista de contribuições atribuídas a ela no final do dia. Tinha outros interesses e paixões além do marido, e era notada por deixar um impacto duradouro não apenas na casa, mas também na comunidade. Se objetiva apenas se casar, você nunca irá florescer em tudo o que Deus a criou para ser, e o mundo sofrerá seriamente com o desfalque de seu toque e de suas contribuições.

Rute, apesar de não estar procurando um marido, recebeu um, algo que para mim indica claramente que não é necessário gastar energia à caça do par perfeito. Basta se ocupar em viver, e ele a encontrará. A pressão das outras pessoas para que valorize sua existência prendendo-se a um par não é como Deus opera. Ele está mais interessado nas etapas da vida, no processo de crescimento pessoal e como resiste a elas. Ele compreende que cada fase tem um propósito, e está completamente voltado para que Seus objetivos sejam cumpridos, pois afetam as questões do reino em geral.

É essencial que não apenas reconheçamos cada período de vida, mas também que tenhamos a compreensão do *propósito* de cada um. Você é capaz de imaginar a tentativa de plantar no inverno? Que tremenda frustração! A terra estaria congelada. Seria difícil cavar o solo para plantar a semente. E, mesmo que conseguisse, provavelmente não surgiriam frutos porque você não seria capaz de regá-la. A água congelaria e destruiria a semente. Mas, se a plantasse no começo da primavera e a alimentasse, você a veria começar a brotar, uma vez que seria incubada por calor e umidade. Sim, há um tempo para plantar e outro para crescer, colher e descansar.

Plante amar e servir a outras pessoas. Essa é uma semente preciosa para o futuro. Cresça no conhecimento de Deus e de si mesma. Isso é importante. Muitas vezes, as pessoas entram em um casamento sem saber quem realmente são ou do que precisam. Em algum lugar ao longo do caminho, decidem que o parceiro não é um bom par. Crescem e brotam como mulheres. Cresça na consciência de si mesma e de seus dons, do que tem a oferecer, de suas forças, mas também das fraquezas. Tome posse delas e realize o trabalho para se tornar maior do que realmente é. Então estará em paz e será capaz de colher as opções certas de vida. É impossível que colha o que não plantou. A inquietação que às vezes experimentamos advém não apenas do fato de que não estamos passando pela colheita em nossa vida, mas de um medo subconsciente do resultado do conhecimento de que não plantamos nada em direção a nossas expectativas.

Precisa ainda ser considerado que apenas querer não vai fazer com que determinada fase aconteça na vida. Sempre me divirto quando entro no elevador no verão e as pessoas estão reclamando do calor. São as mesmas que reclamaram do frio no inverno. E fico lá dizendo: "Não entrarei nisso. Vou apreciar o calor, porque não vai durar". Nunca estamos satisfeitos! Vivemos sempre tão ocupados antecipando o que virá que não desfrutamos o presente. Essa é a raiz de um espírito ingrato. O que vem depois? E depois? E depois? Como vai conseguir apreciar o que virá depois se não tomou conhecimento de onde está? Com o que vai poder compará-lo?

Descobri há muito tempo que reclamar sobre onde estou não fez Deus se mover mais rápido para mudar as coisas. Somente depois que abri mão daquilo que desejava e me estabeleci em um determinado local, encarando o que tinha diante de mim, que as coisas mudaram. E não apenas se resolveram com relutância. Era preciso que houvesse uma grande mudança em minha visão de vida naquele momento. Assim, somente depois que aceitei minha realidade presente com alegria e coração agradecido as coisas mudaram. Qual é a sutil lição nesse processo? Acredito que devemos aprender a nos contentar com todas as coisas de modo que nossas emoções não sejam manipuladas pelas circunstâncias. Qualquer situação que proporcione alegria poderá mudar amanhã. A capacidade de ser consistentemente feliz e realizada deve vir de uma fonte maior do que você possui ou vivencia.

Nós, assim como Rute, precisamos aprender a trabalhar com o que temos, e a confiar em Deus para expandir nossa vida com base naquilo que nos disponibilizamos a ser fiéis.

Depois da morte do marido, ela escolheu acompanhar Noemi para Belém, em Judá, aonde chegaram na época da colheita. Acho que isso é significativo. Rute estava destinada a receber algo devido à sua disposição de semear a própria vida na vida da pessoa mais próxima que precisasse dela. Poderia ter se concentrado no que não possuía, ou permanecido no local de luto pelo marido morto e por tudo o que a morte dele lhe custara, mas, em vez disso, decidiu que aquela fase de sua vida seria dedicada à Noemi. Assim, trabalhou no meio da cevada e do trigo antes de finalmente encontrar Boaz, que mudou o curso da vida dela.

Havia chegado o final da época da colheita. A estação que liberta o homem para se comprometer com uma mulher. Temos de conhecer a fase em que o homem está, assim como a nossa. Ele precisa apresentar disponibilidade para ter um par antes de se comprometer com alguém. E também precisa ter definido em seu coração o nível de abundância de vida. Se o homem sentir que não pode cuidar de uma mulher, isso o manterá longe de compromissos mesmo que a queira, porque o medo da rejeição irá se sobrepor ao desejo que sente por ela. Portanto, quando um homem lhe diz que não está pronto para um compromisso, acredite nele, pois instintivamente sabe quando está pronto. Ele não apenas está conectado espiritualmente para saber quando é hora, mas também possui um relógio intelectual que o libera para procurar compromisso quando os negócios estão em ordem. Um homem é incapaz de se envolver em um relacionamento até que a capacidade de prover a mulher esteja estabelecida. Ele precisa estar em uma base sólida e enxergar o caminho com clareza para que consiga se posicionar como homem. Caso contrário, simplesmente não se sentirá confortável em pedir à mulher que assuma um papel relevante na vida dele. Seja sensível a isso e permita-lhe ter o espaço de que precisa para colocar a vida em ordem. Sinta-se orgulhosa por ele querer ser o tipo certo de parceiro. Minha única precaução é que ele não arraste a situação indefinidamente, o que talvez seja sinal de outros problemas de caráter, tais como egocentrismo ou fobia de compromisso. Não torne a vida tão confortável a ponto de ele não sentir a necessidade de se comprometer (falaremos mais sobre isso em um capítulo posterior).

Enquanto isso, ocupe-se em recolher conhecimento, experiência e sabedoria no momento presente. Plante sementes na vida dos que estão ao seu redor. Doando e servindo agora, acabará adquirindo o hábito de doar e servir no casamento. Estará bem familiarizada com a alegria que pode ser sua, quando colocar em prática o incrível privilégio de transmitir algo de si para a vida de outras pessoas. Saiba que tudo que plantar será o que vai colher. Portanto, plante uma boa semente na vida de um homem sendo uma irmã. Sempre brinquei com o fato de que preparei muitos homens para outras mulheres. Acredito que, quando receber meu marido, alguém terá semeado na vida dele para torná-lo um par extraordinário para mim.

Ocupe-se em sua igreja e comunidade. Caminhe um tanto a mais no trabalho. Nunca se sabe quem a está olhando e verificando seu coração, e também observando como você reage à vida e a tudo o que ela lança sobre você. Tire vantagem do tempo que tem disponível para preparar uma colheita rica para si mesma.

Mas, ao plantar a semente, não pense que a colheita será imediata. Espere, pois haverá um período até que ela amadureça. E o fato de não vislumbrar algo brotando imediatamente não significa que nada está acontecendo sob a superfície. Muita coisa se passa antes que a flor rompa o solo. A semente está morrendo, a casca caindo, libertando o conteúdo na terra. Então o crescimento começa. As raízes se esticam para cavar profundamente o solo, firmes e bem ancoradas, a fim de atuarem como apoio da planta que seguirá para a superfície.

Há muito acontecendo dentro de você, preparando-a, assim como a seu parceiro, para compartilharem o amor que desejam, em um relacionamento bem-sucedido e de comprometimento. No entanto, isso ocorrerá se estiver disposta a fazer o trabalho, plantar as sementes e dar a Deus o tempo de que Ele precisa para terminar a obra que começou em você e em seu parceiro. Quando Ele tiver aperfeiçoado esse trabalho, os frutos estarão prontos para a colheita, e todos a sua volta serão capazes de participar da riqueza que resultará de sua união.

Há algo de errado com você? Provavelmente não. Pessoas com toneladas de bagagem pouco saudáveis e problemas casam-se todos os dias, por isso esse não pode ser o critério. Se está aberta a ser conduzida pelo Senhor e é responsável perante a Sua Palavra, se é alguém que está pronta para corrigir-se e crescer, é hora de considerar o fato de que sua solteirice pode ser apenas uma questão do tempo de Deus, à luz de Seu propósito e daquilo que concebeu para você. Firme-se na estação da vida em que está. Às vezes as estações parecem durar mais tempo do que acreditamos precisarem, mas Deus é o agricultor mestre, Aquele que melhor sabe quanto tempo leva para produzir o fruto mais doce e uma colheita rica e gratificante. Muitas de nós sabemos isto: as estações eventualmente mudam e, muitas vezes, quando isso finalmente acontece, concluímos que valeu a pena esperar.

Encarando a realidade

Em que estação você está?
Como gostaria que fosse a colheita?
Que sementes está plantando para esse fim?
Atualmente, o que está recolhendo na vida?
Como seu momento de plantio está afetando as outras pessoas de sua vida?

Para todas as realizações há um momento certo; existe sempre um tempo apropriado para todo o propósito debaixo do céu. (Ec 3:1 - NKJV)

Rei Salomão, depois de considerar todos os acontecimentos de sua vida.

ERRO NÚMERO 5

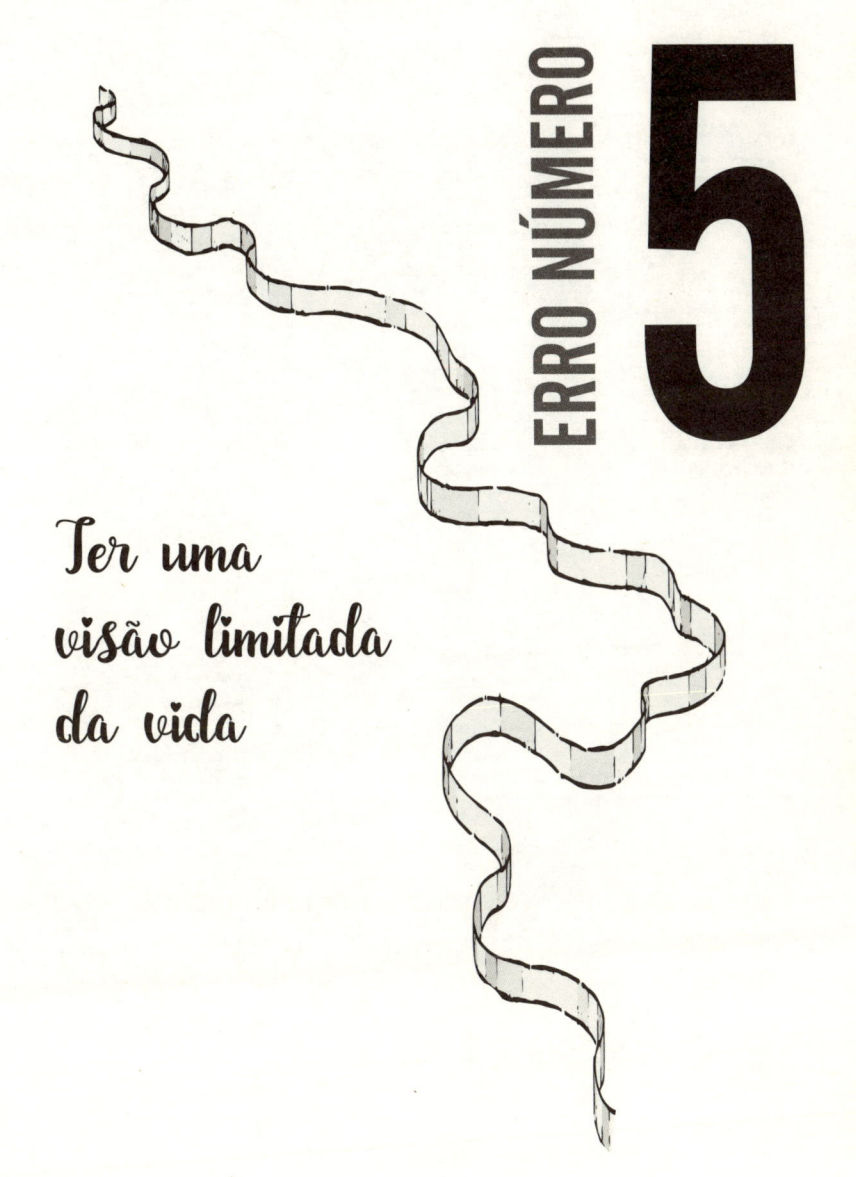

Ter uma visão limitada da vida

Apenas pensando em voz alta...

Elas estavam a caminho de um casamento... mas mal sabiam o quanto o noivo atrasaria. Vestiam-se alinhadas para impressionar. Cabelos recém-penteados. Unhas bem-feitas. Cheirando a margaridas frescas, começaram a caminhada em direção ao seu destino. Mas a jornada levou mais tempo do que o previsto. Quando finalmente chegaram ao local determinado, onde deviam encontrar o noivo antes de seguirem, esperaram, esperaram e esperaram. E escureceu. Cansadas de esperar, caíram no sono.

Enquanto dormiam, a luz das lamparinas começou a enfraquecer. Algumas se apagaram, deixando apenas uma enorme escuridão em volta das mulheres. Repentinamente, os sons da comemoração podiam ser ouvidos ao longe. Acordaram sobressaltadas, eufóricas, pois o noivo havia finalmente chegado. Apressadamente se refrescaram e se prepararam para encontrá-lo, bem como aqueles que o acompanhavam. No entanto, nesse momento perceberam o descuido. Metade delas, tola demais, não tinha óleo suficiente nas lamparinas pra continuar a jornada. Voltando-se para a outra metade, perguntaram se podiam lhes emprestar um pouco. Mas o grupo, não apreciando a ideia de ficar sem provisões, e ainda sem certeza da duração da viagem, sugeriu que fossem buscar seu próprio óleo, para não correrem o risco de que o delas também acabasse. Então, as noivas prudentes seguiram com o noivo para a festa de casamento, enquanto as tolas saíram à procura de mais óleo. Quando voltaram, a porta já fora trancada, seus nomes já não estavam na lista dos convidados e viram-se deixadas do lado de fora, olhando para dentro. (Leia a parábola das dez virgens no evangelho de Mateus 25:1-13.)

Muitas mulheres repetem estas palavras: "Acreditava que já estaria casada agora!". Os melhores planos de ratos e homens podem dar errado em algum momento. Mais uma vez, se você soubesse que nunca se casaria, o que faria de diferente com sua vida? Se soubesse que o cavaleiro de armadura brilhante não iria aparecer até daqui a cinco anos, o que faria nesse tempo todo? Leve em consideração que o amanhã não é uma promessa, e, mesmo que o dia chegue, os acontecimentos podem produzir suas próprias surpresas. Nunca se sabe; portanto, esteja preparada para as coisas que o amanhã talvez lhe traga.

Vamos fazer um levantamento

Como você se preparou para o futuro com ou sem um companheiro?
Como sua segurança no futuro seria afetada se nunca se casasse?
O que tem conquistado que irá contribuir para o seu bem-estar no futuro?
De que tipo de coisas necessita para se sentir mais segura?
De que formas precisa ser provida?
Que recursos possui para atender a essa necessidade?

Solução: Tenha uma perspectiva de futuro

Como quer que seja sua vida? Vá em frente! Agora é a hora de colocar a roda em movimento, sem reservas. Muitas mulheres solteiras não planejam o futuro porque inconscientemente se agarram ao sonho de que um homem com uma conta bancária sólida virá resgatá-las no último minuto, compensando todo o tempo em que não economizaram, não investiram, ou nem sequer se prepararam para o futuro, quando não serão mais ágeis, lindas e capazes.

Em algum lugar no fundo das mentes (pois sei que não estou falando sobre você), tais mulheres desistem de cuidar do futuro financeiro. Afinal, um homem deverá aparecer e trazer a segurança com ele. Que tal encarar o fato de que nada é garantido? Quantas histórias tenebrosas ouviu ou leu nas quais o marido teve um final infeliz e a esposa foi deixada sem recursos até mesmo para enterrá-lo? Se as formiguinhas sabem que precisam armazenar provisões para os dias de chuva, nós, mais ainda, devemos saber que essa é hora de encararmos o futuro de modo realista.

A regra financeira popular afirma que se devem ter economias equivalentes a seis meses de salário mensal, caso aconteça algo que afete a capacidade de trabalhar e gerar renda. E mais do que seis meses para a aposentadoria? Para o resto da vida? Diariamente nos avisam que o futuro da Previdência Social é instável e o estilo de vida das pessoas, na maior parte, se estende além do que o salário ou a pensão podem pagar. É claro que contamos com a confiança de que Deus irá nos prover, mas a fé sem obras é morta, minha irmã. Sejamos sábias e planejemos o futuro. E, para fazê-lo, precisamos imaginá-lo primeiro.

Eu me vi dividida entre duas culturas. Meu lado africano enxerga uma cultura que acredita principalmente no pagamento à vista. É compreensível que, quando se quer adquirir terras, casas, carros etc., deve-se economizar e então comprá-los quando tiver reunido o valor necessário. Às vezes, as pessoas levam anos para terminar as casas porque só o fazem ao ter dinheiro para isso. Assim, ao se mudarem, estarão morando em uma casa quitada!

Na América, é bem possível que tenhamos problemas facilmente, pois há muito crédito disponível. Somos quase encorajados a viver endividados. Afinal, é fácil acreditar que teremos tudo o que quisermos, pois o pagamento poderá ser adiado. A parte assustadora é ver as coisas a serem pagas acumuladas em uma montanha que esmaga a conta bancária, e então você se pega convivendo com a ansiedade. Fui vítima disso, assim como inúmeras outras pessoas, antes de aprender que a moderação é o melhor caminho para a paz de espírito.

O rei Salomão em seus últimos dias afirmou que tudo se paga com dinheiro (Ec 10:19). Compreendo o que ele falava, uma vez que a maioria dos problemas de todos parece centralizada em preocupações financeiras. Não estou tentando assustá-la, mas devemos considerar sobriamente nosso futuro se queremos ser sábias. Se o príncipe encantado chegar tarde ou não aparecer, precisamos estar preparadas para viver nosso amanhã livres da angústia de privações graves. E como entrar nos eixos? Bem, a regra de ouro é que os primeiros 10% vão para Deus, os próximos 10% devem ser economizados, e então viva com o saldo remanescente. Em um mundo perfeito, outros dez devem ser investidos. Se isso é demais, então considere reservar regularmente uma quantia realista. Ao adquirir o hábito de economizar, ele se torna natural, e ficará surpresa com o aumento do dinheiro com o tempo, não importando se o que for reservado pareça pouco. Por isso, mocinha, certifique-se de ter algumas economias. Sempre recomendo uma conta poupança para ser utilizada em emergências, e outra, em um banco diferente, de acesso mais difícil e que nunca seja tocada.

Fale com um consultor financeiro e comece uma carteira de ações ou títulos. Decida se quer arriscar alto ou fazer investimentos mais seguros. Isso é outra coisa que evolui com o tempo. A chave é diversificar. Nunca deposite tudo em um só negócio. Compre um imóvel. Em um mundo perfeito, seria bom possuir a renda de uma propriedade e uma residência própria, mas foque em pelo menos uma dessas opções. Até mesmo a Oprah diz que terra é o melhor investimento, pois Deus não a está fazendo mais. É a certeza de lucro garantido com maior taxa de crescimento do que uma conta bancária, que vai acumular apenas juros.

Toda essa conversa sobre dinheiro está lhe dando dor de cabeça? Tudo bem, isso também vai passar. A conclusão é você lidar de forma realista com o fato de que apenas por ter um marido não significa que ele será o provedor máximo. Repetindo, a vida acontece. E ninguém deve se casar somente para conquistar segurança financeira. Você não precisa se concentrar somente em dinheiro ao vislumbrar o futuro.

Vamos falar sobre você se preparar para a jornada. Tornar-se ciente do que precisa para viver de forma equilibrada. Uma garota deve adquirir competências para o longo caminho. Não precisa se tornar uma especialista, mas sim ser sagaz ao lidar com os negócios da vida. Há muitos elementos envolvidos no funcionamento do cotidiano. Tornar-se engenhosa a fim de ficar bem na vida é uma grande vantagem. Estou falando de mecânica para cuidar de seu carro e de pequenos serviços que poderá fazer em casa. Quer dizer, além de encher o tanque com combustível, você saberia se algo estivesse errado com seu carro? Consegue trocar o óleo? Tem uma rede de pessoas que podem dar atenção às coisas com as quais não consegue lidar?

Por um lado, um homem precisa se sentir necessário. Por outro, e se ele não aparecer? Uma garota deve saber como fazer certas coisas. Portanto, aqui está a minha sugestão: tenha um conhecimento básico das coisas que podem desafiá-la ou afetar sua vida diária, apoiada por pessoas que, realmente conhecendo o assunto, pegarão a bola e, se necessário, a chutarão para frente. Quando seu homem aparecer, você estará livre de ter de controlar tudo. Como sempre digo, uma mulher nunca deve fazer o que pode ser feito por um homem, se ele estiver por perto. Nesse meio-tempo, as irmãs se viram naquilo que for preciso.

Não é uma boa ideia ter como objetivo principal ser dona de casa. Conquiste algumas habilidades práticas e uma carreira. Muitas mulheres terminam com as sobrancelhas no couro cabeludo depois de descobrir que foram deixadas pelos maridos. Muitas permanecem em situações abusivas porque não estão preparadas para viver sozinhas. Colocam-se na posição de esposas e nunca desenvolvem conhecimentos comerciais que sejam aplicados a um trabalho, em nome de cuidarem de si mesmas e dos filhos. É bem possível que uma sensação de impotência destroce uma mulher quando tudo o que sabe fazer é cuidar da casa.

Esteja ou não em um casamento feliz, pode ser uma opção saudável para o marido e para a esposa que ambos tragam ao relacionamento competências que os capacitem a uma vida mais rica juntos. Se você optar por colocar a carreira em segundo plano em favor de ser mãe ou uma dona de casa incrível, tudo bem. Pelo menos sabe que tem uma opção de reserva se precisar ou decidir ampliar as tarefas anos depois.

Considere suas competências extras também como um presente a seu marido. Em tempos de estresse econômico, a carga da responsabilidade sobre o homem controlar tudo pode levá-lo ao limite. Saber que sua mulher tem capacidades que talvez contribuam com os sonhos de ambos é um alívio para ele. Traz paz à vida familiar uma vez que, juntos, vocês podem planejar e dar vida ao futuro.

Tenha em mente o fabuloso currículo tão celebrado em Provérbios 31. Aquela mulher não era apenas dona de casa, mas excelente mãe, esposa, funcionária, empresária, profissional do ramo imobiliário, filantropa, conselheira... Ufa! Ela fazia acontecer. Era habilidosa e, além disso, sábia para equilibrar todas essas coisas de acordo com as estações. E sua família, cuja vida transcorria como a dela, não era privada da qualidade do convívio. Por isso, ela conseguia rir dos dias que viriam e não se preocupar com o inverno. Estava preparada. Havia pensado cuidadosamente sobre o amanhã de todos aqueles de quem cuidava e cujo curso de vida traçara. Não esperou até o último minuto e depois se sobrecarregou com a preparação. Fez um pouco de cada vez, organizando o que precisava enfrentar confortavelmente nos dias que se seguiam.

Isso deveria desafiar seu espírito, minha irmã. Viva compensando o tempo enquanto se prepara para o futuro. Neste mundo de gratificações imediatas, poucos pensam no amanhã porque estão muito envolvidos com o agora. Lembre-se de que o agora será brevemente passado, e o futuro espera, estando preparada ou não. Planeje os dias que virão, mas mantenha o equilíbrio, abraçando o presente.

O próximo ponto na agenda é você. Coisas que fazemos a nós mesmas sem avaliar o preço no futuro, o que inclui como cuidar do corpo. Muitas mulheres choram por causa de decisões do passado que acabaram afetando sua capacidade de ter filhos, ou por problemas de saúde piores agora que estão em um casamento feliz. Lamentam por tudo, desde ganho de peso a anorexia, de remédios para emagrecer a abortos, de cirurgias a tatuagens que tiveram efeitos negativos no corpo que agora você quer apresentar ao homem que ama. "Se naquela época eu soubesse o que sei agora", ou "Se não tivesse feito isso. Nunca pensei o quanto iria me custar". Muitas coisas de que nos arrependemos seriam evitadas se dedicássemos um pouco mais de tempo à reflexão sobre o curso de nossas ações ou simplesmente em busca por informações sobre nossa decisão. A vida implica um acúmulo de escolhas que seremos obrigadas a assumir. Infelizmente, cobra-se o pagamento de algumas delas nos momentos mais inconvenientes.

Em se tratando de nosso coração, acredito que isso seja bastante real. Depois de se envolver em diversos relacionamentos que terminaram mal, não sobra mais nada quando um homem realmente bom e merecedor aparece. Talvez essa seja uma das razões pelas quais Deus nos adverte a guardar nosso coração (Pv 4:23). Somos capazes de submetê-lo a tanto sofrimento que se torna impossível viver o amor quando finalmente estamos em segurança para fazê-lo. É interessante como nunca consideramos o futuro quando lidamos com o coração. Sendo realmente honestas, temos de admitir que já conhecemos homens que sabíamos não serem a resposta, e ainda assim ignoramos as bandeiras vermelhas e entramos de sola. Falaremos mais a respeito de inteligência emocional adiante, mas basta dizer que nossas escolhas hoje têm tudo a ver com nossa saúde interior e nossa capacidade de dar e receber amor no futuro.

Nada é realmente temporário. As coisas que acreditamos nos completarem por vezes assumem dimensões maiores, com que jamais sonhamos, na tela de nossas vidas. Assistimos a filmes o bastante para saber como algo pequeno, ignorado por todos os envolvidos, acaba se tornando o elemento que afeta a todos de maneiras que não podem ser avaliadas. "Nunca pensei que seria tão profundo", "Era apenas uma brincadeira. Apenas uma noite. Apenas uma aventura. Apenas algo para fazer...", mas agora é subitamente muito mais, e com efeitos duradouros. Já disse o suficiente.

Feche os olhos e sonhe com a vida perfeita. Todos os aspectos dela. Emoções. Corpo. Relacionamentos. Casa. Emprego. Finanças. Filhos. Animais de estimação. Vida social. Veja-os claramente. Para conquistar o que vê, tome algumas decisões sobre o que vai e o que não vai fazer. Sobre o que está disposta a sacrificar. Sobre aquilo com que não vai se contentar. Como um atleta, domine as emoções, o corpo e os hábitos. Exercite a disciplina. Por exemplo, você precisa entrar naquele vestido para a reunião de turma e faz de tudo para perder cinco quilos em duas semanas. Estou falando sobre aquele tipo de ferocidade no foco e nas tomadas de decisão. "Uh-uh, garota. Tenho cinco quilos para perder até a próxima segunda-feira. É melhor você tirar esse *cheesecake* da minha frente... Mas ele com certeza parece delicioso." É sobre isso que estou falando. Sobre controlar sua vida do princípio ao fim. Sobre esperar o prato principal e recusar todos os aperitivos. Lembre-se, você não precisa de um monte de homens e experiências horríveis. Precisa só de um homem, e Deus sabe quem é o melhor para você. Também não precisa de emoções baratas e momentos de gratificação imediata que irão lhe custar uma vida de tristeza. O desejo urgente de satisfazermos nossas necessidades geralmente nos coloca em maus lençóis. Desvia-nos do rumo e nos faz perder a vez no caminho para onde realmente queremos ir. Eu me recuso a agir assim. E você?

 Feche os olhos e recupere essa imagem mental da vida que você sabe que pode ser a sua. Concentre-se e faça as escolhas que a levarão até ela.

Encarando a realidade

Que decisões você tomou no passado das quais se arrepende agora?
Como essas escolhas afetaram seu presente?
Como poderão afetar seu futuro?
De que forma você pode voltar aos trilhos e redirecionar seu caminho?
Que decisões do coração precisa tomar para seguir em direção à vida que quer?

> *Veja bem por onde anda, e os seus passos serão seguros.* (Pv 4:26)

Um ótimo conselho de pai que qualquer filha pode seguir.

ERRO NÚMERO 6

Falhar na tarefa de viver

Apenas pensando em voz alta...

Estava de pé, alta e forte, com os galhos espalhando-se em todas as direções e enchendo o ar. Ao que tudo indicava, era uma árvore saudável e frutífera, as folhas exuberantes, fortes, verdes e convidativas. Um grupo de homens se aproximou. Um deles chegou mais perto e procurou uma fruta entre as folhas. Sem encontrá-la, murmurou algo baixinho e se afastou. A árvore, sem compreender o desapontamento, continuou de pé, observando até que todos desapareceram ao longe.

E então o início de tudo. Lá no fundo, abaixo da superfície, a vida começou a escapar das raízes. Rastejando para cima, secas, desfigurando o tronco, murchando as folhas e curvando a estrutura. Morreu lentamente, dia após dia, até que não houvesse mais nenhum sinal de vida. E então eles voltaram – os mesmos homens que haviam passado antes. Um deles parou, olhando-a consternado. "Veja, Mestre. A árvore que o senhor amaldiçoou morreu!" Ela se sentiu tão anulada com o olhar do homem, cujos olhos, embora cheios de compaixão, não lhe ofereceram nenhum conforto. Mudaram de direção, e a árvore lamentou pelos tempos passados, quando era ereta e forte, dando frutos nas estações. Naquele momento, estéril, fria e seca, não lhe sobrara mais nada além da lembrança dos dias em que tivera recompensas abundantes para oferecer.

Jesus estava faminto quando viu a figueira pela primeira vez. Em busca de frutos, procurou entre as folhas algum que mataria Sua fome. Certamente, a árvore tinha algo para Lhe oferecer; pois parecia produtiva. Lamentavelmente, prometia mais do que era capaz de dar. E então Ele seguiu Seu caminho, decretando que aquela árvore nunca mais desapontaria alguém que talvez fosse enganado por sua aparência exuberante. (Leia a história da figueira sem frutos em Marcos 11:12-22)

Muitas garotas se aperfeiçoaram na arte de caminhar pela vida parecendo ter um potencial ilimitado, mas vivendo de maneira infrutífera. Elas se perguntam por que os dias se alongam interminavelmente, cada um igual ao anterior, sem nada novo. "Qual é o sentido da vida?", perguntam. "É só isso?" Algumas se sentem como se fossem mercadorias inspecionadas e rejeitadas repetidamente. Anseiam pelo dia em que um homem irá gostar delas e levá-las para casa.

Qual é a fórmula mágica, o ingrediente que está faltando para criar uma vida de realização e amor? A resposta está no que você dá, e não no que recebe.

....
Vamos mergulhar mais fundo
O que você tem a oferecer ao parceiro que Deus lhe enviou?
Que coisas importantes vai acrescentar à vida dele?
Atualmente, o que você está dando a outras pessoas de seu mundo?
De que modo está sendo frutífera?
Como você pode ser uma fonte maior de bênçãos para aqueles que a rodeiam?
....

Solução: Enfrente a situação

Produtividade, uma palavra que você pode amar ou desprezar. A produtividade é o objetivo de qualquer negócio bem-sucedido. Gastam-se horas de análises intermináveis na tentativa de descobrir o que pode intensificar o rendimento dos funcionários e aumentar a receita. O valor de qualquer negócio é calculado pela capacidade de se gerar um serviço ou produto a fim de aumentar o lucro da empresa em geral e do empregador. A margem desse lucro é a medida do sucesso ou o indicador do fracasso, caso não haja lucro. Com base nesses resultados se determina se a empresa é uma instituição valiosa ou passiva.

Mas não apenas isso é avaliado. As pessoas também o são. O valor delas não é analisado pelo que recebem, mas pelo que dão. Pelas contribuições que fazem para a sociedade, para as comunidades em que vivem, os locais de trabalho, as igrejas, as casas. Há muito tempo as solteiras lutam contra o estigma de serem cidadãs de segunda classe. Sem que as levem a sério, às vezes são vistas como um grupo de pessoas que não tem nada para oferecer por causa da busca pelo par ideal.

O apóstolo Paulo, um homem solteiro que redigiu a maior parte do Novo Testamento, opinou sobre a vida de solteiro afirmando que era preferível as pessoas assim permanecerem (1Co 7:7). Para ele, solteiros eram capazes de oferecer-se em serviço, sem perderem o foco devido às preocupações com um cônjuge (1Co 7:34). No entanto, muitas solteiras não compartilham esse ponto de vista. Não veem seu tempo de solteirice como um momento para tirar vantagem da rara liberdade que possuem para servir a outros e cumprir seu propósito de vida com paixão. No final, muitas são tão ruins como a figueira sem frutos. Com boa aparência e vestidas na última moda, mas levando vidas improdutivas. Na busca por um parceiro, não se deve negligenciar que todas estão procurando a mesma coisa: alguém que acrescente algo a sua vida. Que as enriqueça. Que melhore a qualidade da vida que já possuem. Como é possível? Enfrentando a situação. Olhando além dos desejos imediatos para encontrar a riqueza em cumprir o propósito e viver como homens ou mulheres cujo destino está determinado.

Penso em Jesus e no tempo que passou na terra. Ele não se distraía. Sabia exatamente por que estava aqui. Sabia que tinha uma missão. Não era alguém que se afastava do caminho para lugares que não O levariam para mais perto de Seu destino. Além disso, não era engolido por Seus desejos pessoais, para os quais havia morrido. Alinhava-se e caminhava em sintonia com o coração de Seu Pai. Determinado a cumprir o chamado, não era dissuadido pela tentação, pelas exigências de outras pessoas e nem pelas distrações de Seu círculo íntimo. Não se influenciava pela tirania da urgência. Recusava-se a se afastar de Seu objetivo. Estava em busca de uma noiva, e no final sacrificou tudo para tê-la. O caminho que Ele seguiu não parecia levá-Lo ao local onde teria o que desejava, mas assim aconteceu. Jesus enfrentou a situação, resgatando o mundo do pecado e da vergonha e, no final, reivindicando o prêmio que tão profundamente queria: uma noiva imaculada (a Igreja) que nasceu de Sua missão terrena.

Também fomos criadas com um grande propósito na mente de Deus. Ele nos fez e nomeou segundo Seus propósitos divinos. Ao cumprirmos o objetivo para o qual fomos criadas, glorificamos ao Senhor e atingimos o auge da realização que todas querem desesperadamente. Não é de se admirar que a batalha por nossa atenção fique acirrada. Se o inimigo de nossa alma puder nos manter distraídas por meio de nossas próprias necessidades, talvez passemos a vida inteira girando em círculos e nunca realizemos nada! Talvez dediquemos todo nosso tempo aos cuidados com a aparência, com nosso guarda-roupa, nossa carreira, ou à procura do parceiro perfeito, sem enxergar nossa verdadeira tarefa: cumprir nosso propósito. Tocar e afetar as vidas de outras pessoas por aquilo que lhes damos diariamente, por exemplo, em palavras ou ações.

Se nosso único assunto for a busca, a vivência ou mesmo a falta de um relacionamento amoroso, faremos um desserviço a todos a nossa volta. Temos muito mais a oferecer. É hora de enfrentar a situação e mostrar ao mundo que solteiras constituem uma força a ser reconhecida. Somos inteligentes, engenhosas e as principais colaboradoras do mundo em geral. É hora de nos ocuparmos sendo produtivas, frutificando e abençoando as vidas dos que nos rodeiam. Nossa presença deve oferecer apoio aos necessitados.

Um dos motivos pelos quais muitas gastam tanta energia procurando alguém que as complete é não acreditarem que a realização vem de viver com um propósito. O anseio por afirmação resulta verdadeiramente do desejo profundo de fazer algo importante. Algo que será considerado valioso.

A confirmação de que a vida vale a pena ser vivida. De que você faz a diferença. E suas ações e palavras têm um efeito duradouro por trás da própria esfera pessoal. Em um alcance mais abrangente da vida, ter importância para o mundo supera o rótulo que alguém possa lhe dar como marca de aprovação. Portanto, não é de admirar que os responsáveis por grandes avanços para contribuir com as massas pareçam andar sozinhos. O casamento não é o pensamento predominante na mente deles. São pessoas impulsionadas por uma paixão maior do que a do romance. Com corações que se incendeiam pela vontade de cumprir seu propósito, movidas pela determinação de tornar o mundo melhor.

Alguém está gritando: "Certo, Michelle, mas nem todos os colaboradores do mundo eram solteiros. Alguns eram casados". Isso é verdade, mas afirmo que, se você fizer uma pesquisa, vai descobrir cônjuges que se sacrificaram muito por terem companheiros movidos por objetivos. Passaram bastante tempo sozinhos, enquanto seus pares se dedicavam em primeiro lugar aos chamados interiores, justificando assim a declaração de Paulo sobre solteiros *versus* casados. Quando se está casado, a prioridade deve se voltar para o cônjuge e a família. No caso dos solteiros, vivem livres para buscar seus interesses, sem impedimentos familiares.

    O fato de o livro *Uma vida com propósitos*, de Rick Warren, ter tomado o mundo de assalto confirma que atualmente há algo em demanda além de romance. Todo mundo quer saber afinal o que fazemos aqui! Nossa missão é simples: ser o que somos para a glória de Deus. O que isso significa? A cada um de nós foi dado o dom do valor, inerente à nossa própria natureza simplesmente pela forma como fomos concebidos e ligados pelas mãos de Deus. Cada um de nós exercerá um efeito profundo em alguém, em momentos dos quais não temos a menor consciência. Algo que dizemos ou fazemos irá, literalmente, mudar o curso da vida de outra pessoa. É possível que nunca saibamos quando ou em que dia isso acontecerá, mas ainda assim estamos tão interligados que é impossível não afetar alguém nesta jornada da vida. Aqui está a parte profunda. Literalmente podemos escolher quantas vezes afetamos outras pessoas com a intenção de realmente fazê-lo! Temos o poder da escolha. Podemos fazer uma parceria com Deus, buscar Sua face e ser orientados sobre como alcançarmos mais eficiência e produtividade em nosso mundo particular e no mundo como um todo.

Tais palavras podem soar como uma meta esmagadora se não compreender a simplicidade do que é caminhar com consciência. Cabe a você localizar a si mesma e a seus dons pessoais a fim de saber como isso pode se desenrolar em sua própria vida. Recentemente estive conversando com uma senhora que assistiu a minha primeira *Diva Conference*.[4] Ela me disse: "Não sei quais são os meus dons". Então lhe perguntei: "Em que aspectos todos a elogiam e você não acha que é grande coisa?". A mulher encolheu os ombros e respondeu: "Bem, todos dizem que sou muito organizada". A resposta gerou uma discussão sobre o nível de organização

....
4 Divas (Distinguished, Intellectual, Virtuous, Academic Sistas) é um grupo de acadêmicas formado por mulheres negras cuja missão e propósito é incentivar uma irmandade de apoio ao Ph.D. (N.T.)

dela e como gostava que tudo estivesse no lugar. Em seguida, eu lhe disse que nem todo mundo é organizado, um pensamento que soou estranho para a mulher. Mostrei-lhe que esse era o motivo pelo qual sua habilidade se tornava um dom. Contei-lhe sobre uma mulher que montou um negócio que lhe rendeu milhões, trabalhando como organizadora. Ela ia às casas e às empresas dos clientes e arrumava o caos. Era absolutamente incrível! Foi então que esclareci àquela senhora que nossos dons ímpares conseguem não apenas abençoar outras pessoas, mas também gerar lucros que sequer imaginaríamos.

Paulo, meu apóstolo favorito, escreveu a uma das igrejas contando-lhes que dedicara a vida a alcançar o que almejava, pois para isso também fora alcançado por Jesus (Fp 3:12). Em outras palavras, Deus viu nele algo que valia a pena. Paulo dedicava a vida em busca de tornar digno aquilo que valia todo o trabalho duro de Cristo em nome dele. Você também tem um "aquilo". Quais as coisas que ecoam em você? Do que naturalmente gosta? Que coisas a deixam aborrecida? Essas são as pistas para encontrar seu propósito. Quantas vezes você disse: "Alguém tem de fazer algo a respeito disso!". Talvez esse alguém seja você. Na verdade, sei que sim porque foi movida por tal questão. Quem melhor para resolver esse problema? Quem melhor para ser uma bênção para alguém em dificuldades?

A única diferença entre as pessoas que se destacam na vida e as que levam uma existência medíocre é que uma decidiu agir e a outra preferiu esperar que alguém agisse por ela. Diariamente, sua prece, à qual Deus fica feliz em responder, deve ser: "Senhor, ajudai-me a tocar e enriquecer a vida de alguém hoje. Dai-me a oportunidade de servir alguém que esteja enfrentando dificuldades". No entanto, talvez seja muito grande o receio do que Ele possa exigir de você, o que a impede de declarar disponibilidade de ser instrumento Dele. Digo-lhe: vá. Aventure-se. Ouse viver perigosamente. É assim que a vida se torna emocionante.

Nos momentos imprevistos se encontram a verdadeira realização e a alegria. Quando se falam palavras de encorajamento e se elogia alguém que está abatido. Quando se ouve quem precisa apenas conversar. Quando se valorizam os esforços de outra pessoa. Quando se dá o máximo no trabalho como a Deus, apesar de um chefe difícil. Quando se abraça o dia, mesmo que não se tenham braços capazes de fazê-lo. Expandindo o mundo em que vive, olhando além de si mesma para as necessidades dos outros e realizando verdadeiramente algo que faça a diferença, você começa a experimentar uma vida de mais valor. Torna-se uma força a ser reconhecida. Ultrapassa a posição de ocupar espaço para se tornar uma colaboradora para o mundo. Frutífera e produtiva.

Considere-se uma árvore. O que gostaria que as outras pessoas encontrassem em seus galhos? Consegue imaginar a alegria de vê-los achando uma fruta saborosa que lhes dê sustento? Que os satisfaça e alimente? Que os torne mais fortes? Não permita às pessoas que se afastem desapontadas e famintas porque não tem nada a lhes oferecer. Não há momento como o presente para viver melhor a vida. Se as coisas não são o que você deseja, mergulhe mais fundo.

Aprofunde-se em Deus. Faça perguntas. Procure orientações sobre onde seu foco deveria estar e então siga as instruções Dele. Mergulhe mais fundo em seu próprio coração, localize e siga as paixões, pois irão revelar seu propósito. Mergulhe mais fundo na vida daqueles que a cercam. Fique mais atenta às necessidades dos amigos, da família, dos colegas de trabalho e até mesmo de estranhos ao cruzar com eles no caminho. É amando incondicionalmente que acabamos atraindo o amor. Pratique estar presente, viver o aqui e agora, procurando novas oportunidades de ser uma bênção exatamente onde está hoje. Seja dinâmica. Não espere que a vida a empurre para esse ou aquele caminho. Trace seu curso e faça as coisas acontecerem. Responda ao chamado de Deus. Abrace o que você foi criada para fazer e siga em frente. Nada poderia ser mais libertador e satisfatório do que perceber no final do dia alguma coisa que fez a diferença para alguém. Talvez apenas um sorriso. Um toque. É possível que nunca saiba que um gesto ou uma palavra resgataram alguém do limite do abismo. Pode ter sido algo digno de nota.

Resumindo, no final do dia, nada há de tão bom quanto uma contribuição significativa, se ela veio do cerne do espírito. Naquele momento, você desencadeou mudanças e colocou os propósitos de Deus em movimento. Por essa razão, o objetivo de ser criada centra-se em cumprir seu destino de um momento divino a outro, durante o tempo em que viver, solteira ou não. Lembre-se, ao fazer um resumo de sua vida, serão reconhecidas suas contribuições, e não seu estado civil.

Encarando a realidade

Que tipo de fruta há em sua árvore?
O que mais você gostaria de ter?
Que tipos de necessidades você vê ao seu redor as quais poderia mudar?
O que lhe proporcionaria um grande sentimento de realização?
Se um repórter entrevistasse aqueles que a conhecem, o que gostaria que dissessem sobre você?
O que precisa fazer para receber esse tipo de comentário?

Não que eu já tenha obtido tudo isso ou tenha sido aperfeiçoado, mas prossigo para alcançá-lo, pois para isso também fui alcançado por Cristo Jesus. (Fp 3:12)

Paulo, contemplando seu propósito na terra.

ERRO NÚMERO 7

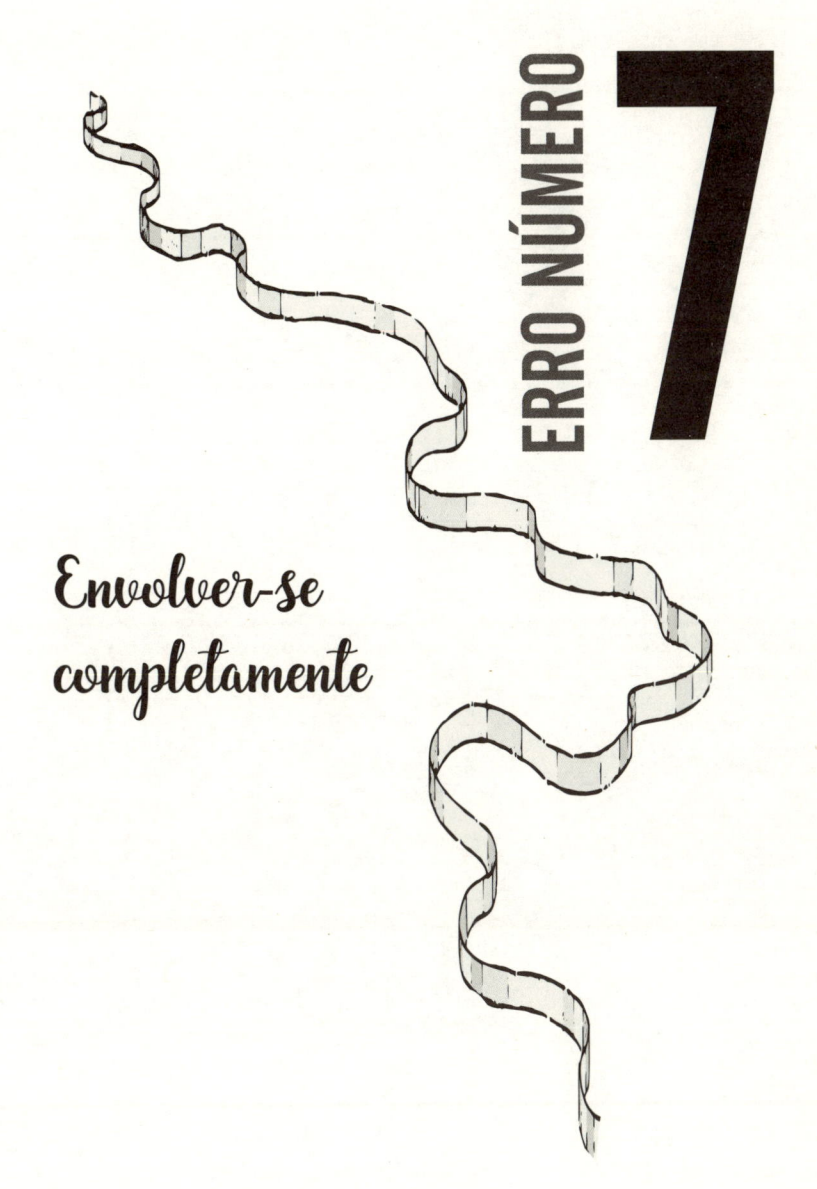

Envolver-se completamente

Apenas pensando em voz alta...

Ele tinha um chamado de vida. Estava prestes a começar a libertar seu povo. Era abençoado. Notável. No entanto, aparentemente invencível e no auge da forma, a preocupação centrada nele mesmo o fez desviar-se do caminho. Desfrutando um excesso após outro, o chamado se tornou uma lembrança confusa, perdida sob camadas de banquetes, festas e paixões por mulheres erradas, que lhe acalmaram o corpo, mas não acrescentaram nada ao espírito dele. Quanto mais profunda a permissividade consigo mesmo, menor a responsabilidade dirigida àqueles que se preocupavam com seu bem-estar. E quanto menos responsável, mais o orgulho e a obstinação aumentavam. Ignorando os sinais de perigo, seu caráter e discernimento se dissiparam, deixando-o obcecado, sem nada propício para cumprir sua vocação.

Aprofundando-se cada vez mais na armadilha do próprio corpo, ele abandonou as boas decisões e agarrou-se apenas àquelas que lhe favoreciam as necessidades imediatas de autogratificação. Talvez acreditar em sua própria força tenha sido seu pior erro. E descobriu-o tarde demais. Profundamente entrelaçado nos braços de alguém com más intenções, a luxúria o entregou àqueles que o cegaram e colocaram em uma situação de escravidão que ele nunca previra. Com pesar, percebeu que a autossatisfação havia lhe custado tudo.

Em seus últimos dias, Sansão voltou a si, mas era tarde demais para que fosse resgatado fisicamente de seus erros. Em um derradeiro grande esforço para viver de acordo com o chamado, sacrificou a própria vida. Um preço muito alto a pagar por alguns momentos passageiros de prazeres proibidos. (Leia a história de Sansão em Juízes 13-16)

É fácil justificar a si mesma que deve agitar o corpo uma vez ou outra, quando acha que isso lhe está sendo negado. Quanto mais se sente confinada na solteirice, mais a carne clama por recompensas para voltar à submissão. No entanto, um excesso normalmente leva a outro e outro... até que você se encontra presa em necessidades que esmagam sua força de vontade. O que faz quando quer satisfazer suas próprias vontades? Aqui é o momento em que aquela terrível palavra com "a" aparece: autodisciplina, que precisa ser aperfeiçoada independentemente do tipo de vida que se queira.

Sejamos claros

Que tentações a estão distraindo do curso na vida atual?
Como se consola quando reflete sobre sua condição de solteira?
De que maneiras essa autoindulgência piora as coisas?
Que armadilha o inimigo lhe prepara quando está se sentindo vulnerável e sozinha?
Como se permitir a essa situação pode complicar ainda mais sua vida?
Como isso pode roubar-lhe a bênção?

Solução: Supere-se

Tudo o que nos rodeia promove nossa permissividade. *Você merece isso. Você deve isso a si mesma. Por que não? Só se vive uma vez!* Mas, na verdade, são mentiras. Vivemos mais de uma vez, e a segunda é eterna. Tudo que fazemos, além de durar, diz muito a respeito de nossas escolhas. E esses momentos de fraqueza têm o preço mais alto para nós. E a razão é uma falha que impregna nossa humanidade: o egoísmo, ou seja, nossa incapacidade de manter nosso corpo e os desejos a distância e lutar contra as exigências deles.

No entanto, a situação não é apenas uma coisa carnal. Pode ser mental. Pode ser uma atitude. Um sentimento de direito. Direito ao prazer em troca de suportar a vida que acredita ser obrigada a viver, e não por vontade própria. A mentalidade de que merece alguma outra forma de prazer, já que não se casou. Uma armadilha perigosa para solteiras. Um terreno fértil para uma série de maus hábitos que, no devido tempo, culminam em perdas graves ou a levam a se tornar alguém que só é bom para si mesmo. Um dilema. Quanto mais autoindulgentes nos tornamos, mais vamos encontrar faltas e erros em nossas vidas. É como estar na frente de um espelho, olhando para o reflexo incessantemente. Se olhar tempo bastante, acabará achando uma espinha ou, como minha mãe costumava dizer, se está procurando problema, irá encontrar. Bem, ficarmos confinadas em nós mesmas é realmente procurar problemas. O ato cria uma lacuna que, para ser preenchida, costuma provocar uma espécie de autoindulgência, levando à conclusão de que esse vazio tem de ser ocupado com alguma *coisa*, ou com *alguém*.

Há um tipo de visão generalizada entre as solteiras: "Se não posso ter a única coisa que quero, então certamente deveria ser capaz de ter tudo mais que quero", um pensamento de autoindulgência e egoísmo pouco atraente. A vida não se refere a apenas uma pessoa, mas a como todos nós nos ligamos e afetamos uns aos outros como um todo. Portanto, a vida não envolve apenas você. E ainda é assim, não é?

Seu tempo. Espaço pessoal. Seu dinheiro. Coração. Quando chegamos a esse ponto, ficamos completamente indefesas. Vulneráveis a ofensas, porque encaramos tudo de forma pessoal quando o foco está somente em nós. Mas vamos analisar um dos aspectos de cada vez. Seu tempo. O tempo é realmente seu? Ou você o vê como um dom a ser compartilhado com outras pessoas? Apreciado em momentos de solidão, mas acima de todas as coisas doado, ainda que não seja conveniente. Esse é o mais inacreditável ato de graça, que faz os outros se sentirem valiosos. O fato de você ter encontrado tempo para se doar, sem sinos, apitos, termos e cláusulas ocultas, não apenas abençoa as outras pessoas, mas também a enriquece. Quando passa tempo com elas apenas as ouvindo, você acumula uma fortuna de conhecimento que só a amadurecerá como pessoa. Entender o coração do outro e aumentar a compreensão da natureza humana são atos que a tornam uma pessoa mais rica, e na doação percebe que todo o recebido é mais do que foi dividido ao ser compartilhado. O isolamento forma uma caixa em torno do espírito de uma pessoa. Uma prisão invisível onde a imaginação tem espaço para oprimir, pela decepção e medos que não deveriam ser levados em consideração, pois não têm qualquer importância. Não estou falando de tempo de qualidade dedicado a Deus, meditando sobre Suas Palavras, ou dos momentos de silêncio em que você descansa, renovando o corpo e conciliando o espírito para enfrentar a vida. Estou falando de egoísmo. Do tempo em que você se perde tanto em si mesma que tudo se torna uma invasão. Estou falando de quando as necessidades de outras pessoas são ignoradas ou, ainda pior, desvalorizadas primeiro por um olhar e depois por comentários e ações. No final, aqueles que abusam do isolamento na verdade afastam o amor e acabam transformando-se em pessoas solitárias. O egoísmo se torna profético uma vez que promove um comportamento autodestrutivo.

Mas e quanto ao espaço pessoal? Bem, quão pessoal ele é? Ter alguém em nossa vida seria o fim de nosso espaço pessoal como é e como o apreciamos, mas ainda assim insistimos nisso. Reagimos à invasão de nossa privacidade com uma ferocidade que competiria com a de um dobermann. Não *ouse* aparecer sem telefonar antes! Certo, aqui de novo estou presa entre culturas. A adaptação mais difícil que enfrentei quando comecei a visitar meu pai em Gana foi a audácia das pessoas aparecendo a qualquer hora do dia ou da noite, sem sequer ligarem antes. Elas esperavam pacientemente que me vestisse e viesse do quarto para recebê-las. Sentia-me extremamente irritada até

que observei a reação de meu pai: cada visita era recebida com entusiasmo, não importando o quanto fosse inconveniente. Mesmo que o interrompesse em alguma atividade ou plano, cada pessoa era tão calorosamente bem-vinda quanto aquelas já esperadas. Envergonhei-me calada ao ver meu pai sempre fazendo as visitas se sentirem bem. Sua casa vivia cheia de bons sentimentos e amigos que tornavam um ritual ter tempo de rir e amar. Ao começar a me adaptar àquela comunidade tão sociável, percebi a escravidão em que vivia em casa, onde a política de portas abertas podia ser muito relativa. E se Deus lhe pedir que permita a alguém que more com você por seis meses sem pagar aluguel? Humm...
Não existe realmente um espaço pessoal. Todo espaço é um presente de Deus que nos foi designado com o propósito de ser compartilhado. O dom da hospitalidade é um dos mais poderosos do planeta. Ao assistir a uma nação inteira abrindo as portas para aqueles que perderam as casas durante o desastre do Katrina, vi a luz nos rostos daquelas pessoas que estenderam a mão para ajudar e, assim, ao socorrer os outros, encontraram um novo sentido para a própria vida. Perguntei-me se ao menos percebiam por que se sentiam tão fortalecidas. Esta é a expressão suprema do amor: dar. Dar a si mesma. Dar o que você considera uma parte ou extensão de si. Algo que vê como mais precioso. Seu espaço pode até ser pessoal, mas não deveria. Vamos lá, desista. Deus não mantém nada Dele longe de nós. Também devíamos estar dispostos a escancarar cada porta e dar acesso àqueles que Ele envia para nos acalentar.

E então você pergunta: "E os limites? Todos precisamos tê-los, caso contrário as pessoas se aproveitam de nós". É verdade que o fazem, mas você está disposta a se arriscar a fim de viver uma rica experiência que pode mudar sua vida? Vamos encarar que, no casamento, não há na verdade um espaço pessoal, pois alguém o estará ocupando praticamente o tempo inteiro pelo resto da vida. Talvez não bem assim, mas haverá momentos em que se sentirá desse jeito. Como vai conseguir compartilhar a si mesma se não consegue fazer isso agora?

Mantenha o hábito de estender a mão e puxar alguém. O motivo pelo qual se protege tanto o espaço pessoal na verdade vem do medo de perder o controle. Ainda assim, quando você opta por compartilhar seu espaço, está no controle. É essa a diferença entre Cristo doando Sua vida e outros a tomando. Embora tenha morrido, Ele estava no controle porque *escolheu* dar Sua vida. Ao escolher considerar o espaço em que está como uma oportunidade de ser um oásis para os outros, seu mundo será preenchido com o amor que sempre desejou.

E quanto ao dinheiro? Você pode dizer: "Trabalhei por ele. Ganhei-o. É meu... não é?". Quando estou conversando com solteiras, ouço vários "eu" e "mim, mim, mim", e imagino se tais pessoas algum dia serão capazes de dizer "nós". É difícil mudar para o modo "compartilhar" se não tiver praticado. Como uma criança a quem tudo tem sido permitido por muito tempo, mas que naquele momento tem de compartilhar seu brinquedo com uma visita, vejo muitos adultos amontoando tesouros e ficando amuado quando solicitados a dividi-los. Se seu dinheiro lhe pertence, você nunca terá nenhum. "O quê?" Acho que acabei de ouvir um grito coletivo. Por isso vou repetir: se seu dinheiro lhe pertence, você nunca terá nenhum. Mas se é de *Deus*, Ele o protegerá. Tenha em mente que nós na verdade não fazemos um centavo sem Ele, que nos dá o poder de conquistar riqueza. Então, Ele nos torna administradores do que recebemos.

A mentalidade de que o dinheiro não é nosso não apenas nos ajuda a ser mais generosas, mas também nos torna muito mais responsáveis. Se o dinheiro é apenas seu, irá gastá--lo de qualquer maneira. Porém, quando fizer uma pausa para considerar que Deus lhe confiou uma parte da Fortuna, administrará com mais cautela o que foi colocado sob seus cuidados. Isso significa que você o distribuirá da forma como Ele o faria. Então, talvez precise sacrificar aquele lindo suéter que queria comprar, para ajudar alguém que esteja precisando. É uma verdade profunda que nosso coração estará onde estiver nosso tesouro (Mt 6:21), motivo pelo qual, em muitos casos, colocamos dinheiro, tempo e esforços onde nosso coração está. E talvez essa seja a questão real que precisa ser examinada.

Exatamente onde está seu coração? Embora tenhamos sido instruídas a guardar nosso coração (Pv 4:23), a melhor maneira de fazer isso é entregando-o a Deus. Sob Seu cuidado protetor, ele será mantido a salvo de ataques, libertando--nos para andar no amor. Você tem medo de amar abertamente? De ser vulnerável? Tem medo de que alguém a machuque ou a ofenda? Proteger seus sentimentos é com certeza a maneira mais garantida de se magoar. É um convite permanente à ofensa. Pense que ironicamente pessoas tímidas muitas vezes são vistas como esnobes ou distantes. O que tememos de fato vem até nós porque o medo é a isca que convida o leão a nos capturar. A única coisa que nos salva da mordida é nossa capacidade de entregar tudo o que somos a Deus, juntamente com nossas expectativas do que as pessoas devem ou não fazer conosco.

Se Jesus tivesse protegido Seus sentimentos, nenhum de nós teria sido resgatado. Ele literalmente precisou superá-los para Se dar por nós. Teve de passar por rejeição, escárnio, traição, abuso e, ainda assim, optou por amar. Esta é a natureza de Deus – amar de qualquer maneira, independente de nossa resposta a Ele, mas com base em quem é, e em quem pode ser, para nós. Oh, ser como Ele. Ser capaz de olhar além das faltas das pessoas, enxergar suas necessidades e amá-las, ainda que sejam tão difíceis. Assumir-se sensível demais e ofender-se com facilidade significa ser incrédulo. E isso não representa andar no amor. Na verdade, isso é se fazer de Deus. Exigir como devem abordar você, com regras inflexíveis das quais as outras pessoas podem não estar cientes. Seu julgamento a respeito das ações dos outros é a dor que você sente em seu próprio espírito. Oh, a liberdade resulta em libertar os outros para que sejam quem realmente são! Coisa fundamental para o bem-estar.

No casamento, a capacidade de libertar o cônjuge para falhar, cometer erros e até mesmo para ofendê-la fará a diferença entre comemorarem bodas de ouro ou concordarem em resolver as coisas fora dos tribunais. É aqui que a graça entra no jogo. Seja misericordiosa quando os outros estão sem a graça. Ame e doe assim mesmo. Decida-se a caminhar com as mãos e coração abertos, confiando em Deus como escudo e guardião de seu coração. Ande com sabedoria, mas também com amor, sem exigir nada e inspirando o melhor nas outras pessoas, um verdadeiro exemplo de como o amor é. Quando não mais insistirmos nas coisas do nosso jeito, estaremos livres para receber tudo que quisermos. Na verdade, isso faz os desejos do coração se concretizarem, uma vez que os outros são movidos pela liberdade que você lhes dá. Menos egocentrismo; mais rendição. Às vezes pode ser confuso, por isso se lembre desta regra simples: no reino, o caminho para cima é para baixo. Dê e receberá. Crucifique-se e ganhe o mundo. Entenda que é fácil desde que você morra para si mesma. Ou, como gosto de colocar, renuncie a si mesma.

Encarando a realidade

Até que ponto está envolvida consigo mesma?
Em que área você tem o maior senso de direito?
De que maneira torna sua casa disponível para pessoas em dificuldades? Seu dinheiro? Seu tempo?
O que a assusta sobre ser vulnerável?
A que área precisa se entregar mais?

Pois quem quiser salvar a sua vida a perderá; mas quem perder a vida por minha causa, este a salvará. (Lc 9:24)

Jesus, explicando o custo real do egoísmo.

ERRO NÚMERO 8

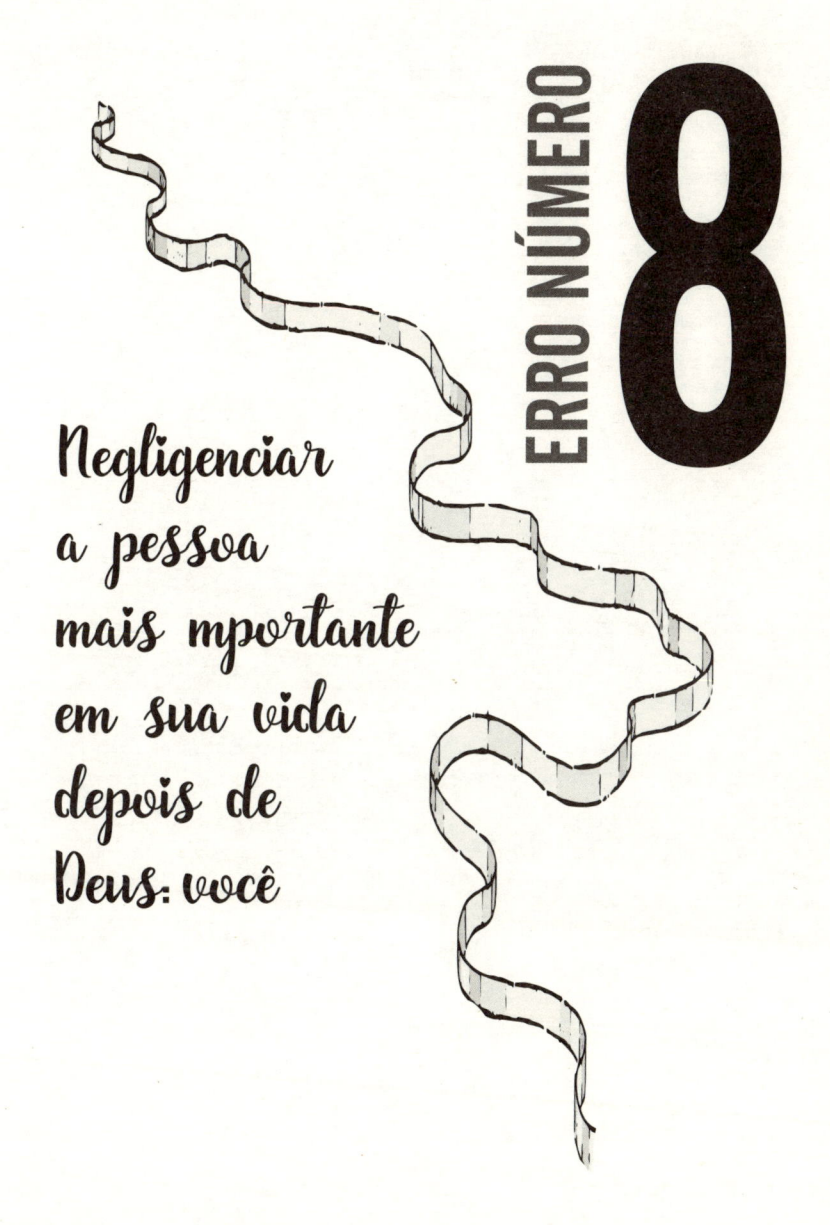

Negligenciar a pessoa mais mportante em sua vida depois de Deus: você

Apenas pensando em voz alta...

Ela ficou paralisada pelo deslumbramento que a cercava. A opulência estava além de qualquer coisa que já tinha visto antes. Uma coisa era pensar que ela, uma garota simples, estaria na corte de tão poderoso rei. Outra, inconcebível, era pensar que poderia ser escolhida como a próxima rainha! E naquele momento o chefe eunuco estava diante dela, acenando para que se aproximasse. Com um brilho de aprovação nos olhos, ele a estudou lentamente, como se estivesse avaliando cada parte dela.

Não demorou muito para a garota perceber que receberia tratamento preferencial. Depois de conduzi-la a aposentos privados e lhe dar um conjunto de assistentes pessoais, o eunuco iniciou a tarefa de submetê-la a um regime de tratamentos de beleza que era o sonho de outras mulheres. Banhos, espumas e poções. Dieta especial. Muitas roupas. Treinamento de etiqueta e sutilezas. A arte da conversação. Ela se sentia como se estivesse sendo reconstruída de dentro para fora. Seu tempo de silêncio com Deus se tornou o favorito para as reflexões. Compreendendo a necessidade de se manter firme em um ambiente tão inebriante, ela se agarrou à fé com maior fervor do que antes. Afinal, independentemente da decisão do rei, ela sabia que seu destino último estava nas mãos de Deus.

Quando a coroa foi colocada em sua cabeça, a rainha Ester também sabia que, em um mundo onde o rei sempre teria qualquer mulher que desejasse, o maior segredo de beleza dela seria seu relacionamento com Deus. (Veja a história completa no livro de Ester)

Em um mundo onde as mulheres competem todos os dias pela atenção dos homens, seja para encontrar amor verdadeiro, seja para progredir no mercado, a concorrência com base na beleza pode ser estressante. Como alguém compete em um mundo onde a beleza é puramente subjetiva e guiada por estereótipos da mídia? Vamos encarar. As pessoas não olham primeiro para nosso coração. A impressão inicial é impulsionada por atributos superficiais, o que talvez faça a mulher se sentir muito vulnerável. O que exatamente um homem – ou, aliás, qualquer outra pessoa – está procurando? Você preencherá os requisitos? Como ganhará um concurso no qual nunca se inscreveu?

Ester era provavelmente muito semelhante a você, sentindo-se como um peixe fora d'água, ou como um que nadava correnteza acima, contra o fluxo das massas. Haverá apenas uma coisa que em última análise irá separá-la das massas, e é interna. Um espírito embelezado reflete-se no rosto de uma mulher, dando a ela um certo *eu não sei o quê*. Esse "toque" especial, que ninguém pode identificar, definitivamente separa as mulheres das garotas. O equilíbrio supremo ocorre quando conseguimos nutrir nosso interior e exterior de modo que se complementem e provoquem benevolência em todos que encontramos.

Vamos fazer um autoexame

Qual seu maior trunfo de beleza?
O que acredita que atrai as outras pessoas até você?
Como é seu tratamento de beleza?
Qual sua forma física atual? Como está sua saúde?
Qual o maior obstáculo para que você seja melhor? O que fará sobre isso?

Solução: Cuide de si mesma

Todos anseiam por amor, ainda que pelos mais variados motivos. Alguns querem ter uma pessoa que os cubra de afeto e favores. Outros desejam alguém para completá-los, para literalmente preencherem os espaços em branco da vida, para serem o que eles não são... Cuidado! Esse não é um motivo saudável. Os mandamentos nos dizem que amemos o próximo como a nós mesmos. Efésios 5:28 diz: "Da mesma forma, os maridos devem amar as suas mulheres como a seus próprios corpos. Quem ama sua mulher, ama a si mesmo". Acho interessante que as mulheres precisem aprender a amar os maridos, enquanto simplesmente se ordenam que estes assim façam. Talvez esse seja tema para outro livro.

Enfim, é preciso um coração saudável a fim de amar os outros como Deus nos ama. Deus não apenas nos ama; Ele ama a Si mesmo. Não de uma maneira egoísta, mas sabendo o que tem para nos oferecer e por que devemos querer isso. Se não se amar, você sempre irá se sentir indigna de receber o amor que deseja. Por isso, primeiro é importante cuidar bem de si, para depois ser capaz de estender a mão livremente aos outros.

Nos aviões, em situações de emergência, avisam que se devem colocar as máscaras de oxigênio no próprio rosto antes de tentar ajudar qualquer outra pessoa. Por quê? Porque é necessário viver tempo suficiente para ajudar quem estiver ao lado! Ou seja, você deverá estar em perfeitas condições. Resumindo, é impossível amarmos outra pessoa da forma como Deus sempre quis que fizéssemos até que amemos a nós. Assim como a caridade começa em casa, o mesmo acontece com o amor.

A manifestação de como nos vemos normalmente é demonstrada em nossa aparência, assim como as coisas que fazemos ou não para promover nosso bem-estar pessoal. Por isso vamos dar uma olhada nos requisitos fundamentais do amor e amar de uma forma saudável. É claro que nenhuma de nós tem acesso ao luxo do mundo exuberante onde Ester se encontrava. Sei que nenhuma de nós recebe massagens todos os dias como parte de cuidados regulares, mas há coisas que podemos fazer para promover nossa plenitude interior, assim irradiando uma beleza que não será desbancada pela concorrência, pois não haverá competição.

Primeiro segredo de beleza: reserve tempo para nutrir o espírito. A experiência de amor máximo que viverá ocorrerá entre você e Aquele que a criou, Aquele que mais a ama. Seu Aba, Pai, Deus Pai, e o Amante da alma, o Noivo prestes a chegar, o próprio Jesus. Como padrinho de casamento, a pessoa do Espírito Santo lhe revela o coração e as palavras Dele. Não é possível encontrar amor mais doce. Nos braços do Pai está segura para se render completamente ao amor, para ser vulnerável e aberta a tudo o que Ele deseja derramar em você.

Nele, aprende-se sobre altruísmo, servidão, paciência, bondade e todas as coisas que se quer viver em um relacionamento. É Aquele que diz o que é e É o que diz. O Único capaz de ser completamente fiel e verdadeiro, sem jamais abandonar alguém. Nele, você aprenderá constância e graça. Perdão e misericórdia constantes, uma vez que continuamente falha com Ele, e ainda assim Ele nunca falha com você. Oh, sim. Se quiser conhecer o amor, é melhor iniciar com Aquele que o *inventou*!

Desse modo, você começa a praticar a intimidade sem temer qualquer rejeição ou repercussão. Pode ser aberta e vulnerável, compartilhando sentimentos e medos, mágoas e questionamentos mais profundos. Nos braços Dele você está a salvo. Se não consegue ser transparente com Deus, como conseguirá se mostrar a outra pessoa? A capacidade de apreciar o relacionamento amoroso será diretamente proporcional a sua capacidade de compartilhar a si mesma no amor com Seu Noivo celestial.

Como se aproximar Dele? Você Lhe dedica tempo de qualidade? Você O escuta, procura Sua face, Seu coração, lê Sua Palavra? Ou sai à procura de outra pessoa ou algo mais para preencher o vazio que só Ele pode preencher? Quando nos aproximamos Dele, deleitando-nos com Seu amor por nós, ficamos tão repletas de amor a ponto de transbordar. E é essa enxurrada o que damos às outras pessoas. Quando estamos secas, já começamos a partir de um ponto de deficiência, ou seja, não temos realmente nada para dar. Por isso nossa expectativa se volta a alguém que acreditamos poder nos oferecer alguma coisa que não temos. Desapontamo-nos porque há chances de que eles também estejam vazios e não tenham nada para dar... ou pelo menos não o bastante. Jamais confiemos que o amor humano seja suficiente para nos preencher. Deus não nos criou com a capacidade de completarmos uns aos outros. Na verdade, deixou um espaço que apenas Ele mesmo é capaz de preencher. Até que aceitemos a profundidade desse fato, viveremos em eterna decepção, perdendo a esperança de que o amor seja algum dia tudo o que desejamos que fosse.

Reserve tempo, diariamente, para alimentar e renovar o espírito. Converse com Deus. Depois, reserve tempo para ouvir. Faça um diário, escreva o que ouviu. Leia Sua Palavra. Reflita sobre o que ela significa para você. Decida o que vai fazer com o que leu. Louve. Crie o clima com música e entre na presença Dele. Perca-se em louvor a Ele. Até mesmo chore. Deixe que as lágrimas a lavem e renovem. Escolha o momento. E o local. Apenas O encontre lá, e permita-Lhe fazer o que ninguém mais pode: embelezá-la.

Começar de dentro para fora é importante, mas uma coisa não funciona sem a outra. Deus quer que cuidemos de nosso corpo. Às vezes, penso que estamos propensas a espiritualizar nossa aparência. Sentimos que, se somos bons rapazes ou moças cristãos, nosso único vício de comer demais ou não dedicar o cuidado necessário a nosso corpo é admissível. No entanto, o corpo é o santuário onde Deus habita (1Co 3:16), e nossos santuários devem glorificá-Lo assim como o templo que o rei Salomão construiu em homenagem a Ele. Acredito ser seguro afirmar que não fazer o melhor ou mesmo não cuidar do corpo não prova a espiritualidade, mas na verdade a falta dela. Não devemos confiar em nossa beleza exterior, mas certamente fazemos um desserviço a Deus se não escolhemos representá-Lo por meio de uma aparência excelente.

Você é o único Jesus que alguém talvez enxergue, por isso não O faça parecer desleixado. Se usa tamanho 38 ou 58, assuma a melhor forma que conseguir. Afinal, sua aparência é tão importante para você quanto para aqueles que a veem, porque transmite aos outros como se sente sobre si mesma. Se não estiver com o melhor aspecto possível, não se sentirá bem, o que irá afetar a maneira como se comporta e interage com as pessoas. Isso talvez gere um efeito no relacionamento que está querendo começar, assim como nas amizades e nas parcerias preexistentes. Se não nos amarmos, será difícil amar e alegrar outros.

A negatividade se consolida quando não temos uma autoimagem positiva, em geral porque pensamos que não somos suficientemente boas. Alguns pensamentos podem ser um pouco obsessivos, mas estou falando em termos realistas. Quando sei que estou acima do peso, não apenas meu corpo se sente mal e minhas roupas não caem bem, mas também meu rosto reflete sentimentos negativos. A insegurança predomina, e me vejo incapaz de estar tão aberta como quando sinto que governo meu corpo. Compreende o que quero dizer?

Às vezes, somos nossos piores inimigos e os maiores repelentes do amor que tão profundamente desejamos. É hora de dar uma boa olhada no espelho e no guarda-roupa. Talvez basta que ouça seu próprio corpo, com todas as dores e os sofrimentos que o acompanham. Essas dores são, na verdade, gritos de socorro: "Por favor, pare de comer dessa maneira. Por favor, exercite-me um pouco. Por favor, me dê um pouco de descanso!".

Agora sei que acabei de criar uma confusão. Vamos falar sobre o descanso? Acredito que muitas vezes abusamos de nosso corpo por não lhe dar o repouso necessário. Quando descansado, ele precisa de menos comida. Menos comida de forma equilibrada permite que o corpo faça o trabalho necessário para queimar e absorver calorias e nutrientes com eficiência, recebendo um grau maior de energia que nos impede de chegar ao esgotamento. Ainda assim, nós nos esforçamos além do limite e nos anestesiamos recorrendo a todo tipo errado de comida para obter uma falsa energia, o que apenas nos deixa mais cansadas. Alguém já está exausta? Ou que tal a velha depressão? Sim, normalmente é o que acontece. A maioria de nós come uma variedade de alimentos que desequilibra nosso sistema, sobrecarregando-nos com açúcar e outras coisas que têm um efeito químico não só em nosso corpo, mas em nossas emoções também. Não é de admirar que estejamos destruídas e sentindo-nos ainda piores sobre nós mesmas. Repito, se não nos amarmos, quem vai amar? Como você conseguirá convencer alguém de que é um investimento que vale a pena se não se sente assim?

Talvez a questão mais profunda com a qual não queira lidar seja exatamente o que você "entende" como fome... caso lute contra os excessos de comida. A fome espiritual pode se mascarar em fome física. Quando temos pouca intimidade com Deus, o vazio em nosso coração começa a sinalizar que alguma coisa está faltando. Isso pode se manifestar de muitas maneiras diferentes, do vício em compras até a busca do amor em todos os lugares errados, ou então no que provavelmente a maioria vê como o modo mais fácil de anestesiar o vazio e o desconforto: comer, ou recorrer a alguma outra forma de fixação oral que causa estragos físicos. Quanto pior nosso corpo se sente, pior ficamos emocional e espiritualmente. Na verdade, é uma reação em cadeia. Deus nos convida para comer Sua Palavra e nos saciarmos. "Escute, escutem-me, e comam o que é bom, e a alma de vocês se deliciará na mais fina refeição", conforme Isaías 55:2. Outra tradução diz que a alma irá se deliciar no mais rico alimento. Uma alma plena não sente necessidade de ir à procura de migalhas de gratificação imediata ou de passatempos vazios, que atuam como calorias vazias, sem qualquer benefício a nosso corpo ou mente. Talvez seja hora de responder a uma pergunta difícil: Você está realmente faminta do quê?

 Reserve tempo para examinar seu corpo e anote como pode ser gentil com ele. Seja honesta em relação às coisas prejudiciais a que o submete. Junte-se a alguém para uma parceria de prestação de contas que a auxilie a seguir na direção certa. Saia para caminhar. Faça aulas de ginástica. Comece a se mexer! Verifique as coisas que come e seja sincera sobre o que precisa abandonar. Seu corpo é o único que terá, por isso o trate com carinho. Algumas vezes tratamos melhor certos bens temporais do que nosso corpo. Como poderá cuidar de outra pessoa se não cuida bem de si mesma? Levará esses maus hábitos para o casamento; a única diferença é que estará cozinhando para duas ou mais pessoas. Não contribua para que cônjuge e filhos tenham problemas de saúde. Lembre-se, não se trata apenas de você. Embora o corpo seja seu, o estado de saúde dele irá afetar os outros.

A saúde emocional é o último ponto, mas certamente não menos importante no cenário dos cuidados pessoais. Você é a única responsável por seu coração; ninguém mais. A Bíblia lhe diz para, acima de tudo, guardar o seu coração, pois dele depende toda a sua vida (Pv 4:23). Isso inclui o amor. Fica a seu critério fazer escolhas que nutram a saúde do coração. Assim, estará livre de rancor, amargura, orgulho, ciúme, inveja e contendas, além das outras obras da carne, tudo o que se manifesta com uma condição negativa do coração.

Em momentos assim, reserve tempo para a introspecção. A Bíblia nos diz que certos estados emocionais nos afetam fisicamente. Há testemunhos de pessoas que foram atingidas pelo câncer ou estavam no leito de morte por causa de outras doenças, mas reviveram e se curaram por meio do mergulho na terapia do riso. As Escrituras dizem tudo: "O coração bem disposto é remédio eficiente, mas o espírito oprimido resseca os ossos" (Pv 17:22). "O coração ansioso deprime o homem [...]" (Pv 12:25). "A esperança que se retarda deixa o coração doente, mas o anseio satisfeito é árvore de vida" (Pv 13:12). "O coração em paz dá vida ao corpo, mas a inveja apodrece os ossos" (Pv 14:30). "Um olhar animador dá alegria ao coração, e as boas notícias revigoram os ossos" (Pv 15:30). Esses versículos a convencem de que o coração deve ser levado muito a sério? Nosso coração realmente adoece! O estado de nossas emoções pode ter um efeito profundo em nossa saúde pessoal. Tudo está interligado. A raiz eventualmente afeta o fruto. Você é um ser espiritual, com uma alma que faz morada no corpo. Embora ambos sejam tratados individualmente, não se separam na função. Um alimenta a energia e o bem-estar do outro.

Se vivemos negando como realmente nos sentimos, pode ser complicado que identifiquemos nossos males físicos. Não é de admirar o aumento do número de doenças relacionadas ao estresse. Para honrar seu santuário, mas, o mais importante, a Deus e a si própria, você precisa de tempo para entrar em contato consigo mesma emocionalmente. Encarar os sentimentos e compartilhá-los com alguém em quem possa confiar para ajudá-la a processá-los é vital para a saúde. Sentimentos de medo, desapontamento, frustração, opressão, depressão – quaisquer que sejam – não são uma indicação de falta de fé. Deus reconhece que seremos atacados por nossas emoções ao atravessarmos as dificuldades do dia a dia, repleto de dramas e surpresas. Importa-Lhe o que fazemos com nossas emoções. Por esse motivo Ele diz: "Estremecei de ira, mas não pequeis", acalmai a vossa raiva antes que o sol se ponha" (Ef 4:26 NKJV). Ou: "O pranto pode durar uma noite, mas a alegria nasce ao romper do dia" (Sl 30:5 NKJV). Deus nunca castiga ninguém por vivenciar emoções, pois Ele também chorou. Também se zangou. Portanto, quer apenas que controlemos nossas reações e emoções sem permitir que elas nos controlem a ponto de afetarem nossa saúde ou provocarem escolhas ruins que influenciem nossa qualidade de vida.

Davi, o rei de Israel, foi rápido em dizer, nos salmos, o que o estava incomodando. Ele não era um homem em negação; apesar das circunstâncias, concluiu a tese do que acreditava ser verdadeiro sobre a capacidade de Deus. Davi fez a opção por manter a esperança viva, independente do quanto os acontecimentos fossem terríveis ou do quanto se sentisse sobrecarregado e fora do controle. Também devemos optar pela honestidade e a transparência conosco, com Deus e com outras pessoas de nosso círculo íntimo. A prestação de contas nos ajuda a manter a vida mais simples. Não permitir que nossos problemas e emoções se desenvolvam com o tempo nos mantém livres das explosões que às vezes acontecem quando as coisas são deixadas sem solução. Tenhamos em mente que, seja lá o que já estiver dentro de nós, virá à tona quando formos pressionadas. Nossas reações apenas refletem o estado de nosso coração. "Assim como a água reflete o rosto, o coração [da mulher] reflete quem somos nós" (Pv 27:19). Sejamos honestas: conseguimos detectar uma pessoa com problemas a quilômetros de distância pelo rosto dela. Nossos olhos nos entregam; talvez daí tenha surgido o ditado "Os olhos são as janelas da alma". Eles mostram amargura, medo, raiva, você escolhe. Nenhuma quantidade de maquiagem ou acessórios mascara o que os olhos revelam.

É importante ser responsável pelos dons que Deus lhe deu. Seu corpo e tudo em você são dons. Trate-se como um precioso presente. Foram-lhe dados um corpo, um coração e uma mente, os únicos que receberá, por isso, trate-os bem e irão trabalhar para você e defendê-la para sempre. Também a transformarão em um vaso que honra e glorifica a Deus aos olhos de outras pessoas. Uma mulher bem cuidada é sempre um reflexo de que o companheiro a trata bem. Mostre ao mundo que provedor incrível o Amante da alma é, mantendo a aparência de um vaso querido.

Aprenda o segredo da verdadeira beleza e complete os cuidados pessoais com embelezadores naturais – amor, alegria e paz, elementos que vêm de um coração descansado, livre de tudo que possa prendê-lo. Um corpo saudável, emoções em equilíbrio, um espírito rendido a Deus e pleno com Sua sabedoria atuam como garantias e promessas. Essa é a beleza que vem de dentro para fora. Do tipo que supera os estragos do desgaste e dura a vida inteira.

Encarando a realidade

Você está realmente faminta do quê?
Quais têm sido os maiores obstáculos à sua sensação de bem-estar?
Como se sente quanto à sua saúde espiritual? O que pode fazer para melhorar essa área?
Como se sente a respeito de si mesma fisicamente? Que passos realistas pode dar para melhorar nesse sentido?
Qual é seu estado emocional? Quais são as áreas que a preocupam? Como irá abordá-las?

> *Acaso não sabem que o corpo de vocês é santuário do Espírito Santo que habita em vocês, que lhes foi dado por Deus, e que vocês não são de si mesmos? Vocês foram comprados por alto preço. Portanto, glorifiquem a Deus com o corpo de vocês.* (I Co 6:19,20)

O apóstolo Paulo, lidando com uma sociedade que deu mais importância a todas as coisas erradas pelas razões erradas.

ERRO NÚMERO 9

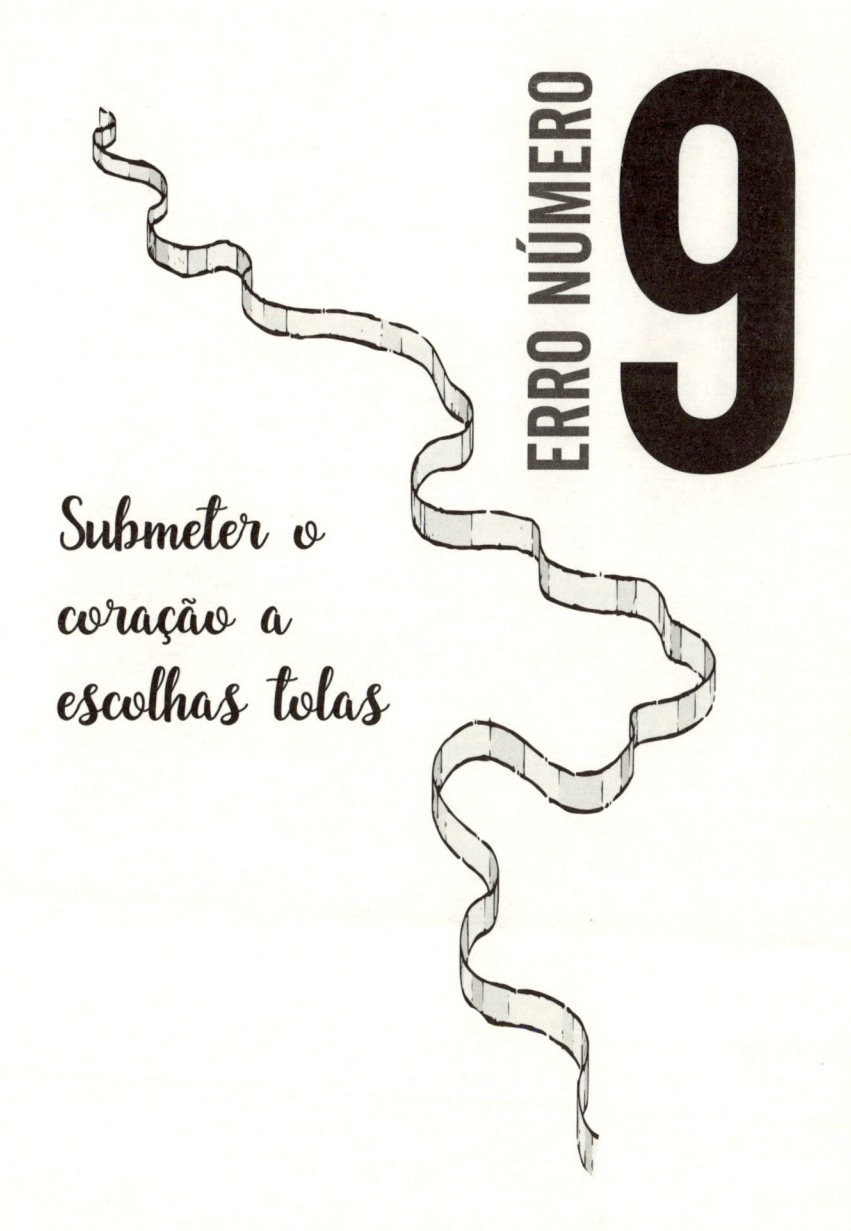

Submeter o coração a escolhas tolas

Apenas pensando em voz alta...

Ele estivera ali antes. Era a mesma mulher. Apenas o nome e o rosto haviam mudado. As mesmas mentiras, manipulações e enganos, uma grande repetição do desempenho dos relacionamentos passados. E, ainda assim, ele estava perdido. Não viu o desastre iminente rastejando para dentro dele, como uma névoa lenta no horizonte do entendimento. Enquanto flexionava os músculos, confiando na capacidade de se libertar da última prisão, ele percebeu que o mesmo velho jogo que desempenhara estava gasto. Recém-saído da graça, viu-se encarando as consequências de todas as antigas escolhas, aquelas pelas quais não quis se responsabilizar ou analisar. E então tinha chegado àquela situação. Cruelmente cegado por aqueles que o mantinham cativo e amarrado como um animal, a desgraça se completou quando viu a mulher que amava observar com desdém enquanto o levavam.

Com o coração aprisionado, assim como o corpo acorrentado, ele se sentou na escuridão, contemplando o próprio futuro enquanto se arrependia do passado. Por que levara tanto tempo para enxergar o engano de seus caminhos, todas as escolhas erradas? Por que permitira que o desejo carnal abafasse a voz do espírito? Como pôde se distanciar tanto do caminho, jogando fora um futuro promissor em favor de paixões momentâneas e momentos fugazes de prazer? Naquele momento, pagava um preço irrevogável e duradouro, alto demais, por algo que antes parecera uma diversão inocente. Não causara nenhum prejuízo, pensara ele, até que acontecera aquilo. Nunca iria cumprir seu destino. Nunca viveria de acordo com o chamado de Deus. Nunca mais seria capaz de recuperar a antiga condição. Depois de tudo o que havia feito para o povo, a única coisa da qual todos se lembrariam seria a morte de Sansão nas mãos de Dalila. Em um último grande esforço para se redimir, ele matou mais filisteus de uma só vez do que o fizera durante toda sua carreira como juiz em Israel. Infelizmente, morreu entre os escombros do templo, junto com os inimigos. Entretanto, talvez tenha morrido internamente muito antes daquele dia fatídico. (Veja novamente a história de Sansão em Juízes 16)

Todos morremos lentamente cada vez que fazemos escolhas ruins, que submetem nosso coração a muito mais desgaste do que foi projetado para suportar. A busca por prazer imediato pode ser destrutiva, especialmente à luz de um futuro incerto. Será que algum dia encontraremos alguém que irá nos amar como desejamos ser amados? E se o Sr. Perfeito nunca aparecer? Seria tão errado se contentar com o Sr. Ele Vai Conseguir? A pressão do companheiro nos força a manter as aparências (em alguns casos, contra nosso bom senso), e no silêncio de nosso quarto, quando as lágrimas lavaram nossa maquiagem, olhamos para as expectativas despedaçadas a nossa volta e nos perguntamos o que deu errado. Nós, assim como Sansão, precisamos refletir e assumir o papel nos dramas que podem se desenrolar nos relacionamentos românticos. Essa é a única maneira de romper padrões pouco saudáveis e seguir em frente com sábias escolhas feitas com o coração. Envolve razão sobre emoção se queremos ou não realizar o trabalho. Precisamos encarar a verdade de que nosso coração é a única maneira de vencermos no departamento do amor.

Vamos ao âmago da questão

Que padrões você tem visto em sua vida amorosa?
Que tipo de homem a atrai?
Suas escolhas românticas são propícias para levá-la ao compromisso que procura?
Que escolhas fez no passado das quais se arrepende no presente?
O que fará de forma diferente da próxima vez?

Solução: Cuide bem do seu coração

Acho muito interessante que uma das principais causas de morte entre as mulheres, com índices mais elevados até do que o câncer de mama, sejam as doenças do coração. Não é apenas um mal físico, mas também espiritual. Ouvimos na Palavra de Deus que o coração abriga tudo o que nos afeta, preocupa ou se relaciona com a vida (Pv 4:23). A esperança que se retarda deixa o coração doente (Pv 13:12), e a doença pode se espalhar por todo nosso corpo. Por isso, vamos falar sobre maneiras de proteger nosso coração e plenitude, a fim de que possamos ser livres para amar conforme Deus nos criou, e viver a alegria que Ele quer para nós.

Decidi fazer uma breve pesquisa entre vários grupos de pessoas antes de escrever este livro. Perguntei: "Quais são os dez principais erros que acha que as solteiras cometem?". Sistematicamente, as respostas foram as mesmas, mais ou menos assim: "Bem, as mulheres entregam muito, e cedo demais"; "Elas comprometem seus padrões de pureza"; "Acabam aceitando que homens abaixo do ideal sejam seus companheiros"; "Não permitem aos homens que lutem por elas"; "Prendem-se a relacionamentos que não as levam a lugar nenhum". Um a um, praticamente todo comentário dizia respeito a como as mulheres lidam com os relacionamentos. O resto da vida era completamente ignorado. Essa é a razão pela qual coloquei esta parte do livro próxima à conclusão, pois você não conseguiria cuidar bem do coração sem passar pelos temas anteriores. Espero que agora já tenha estabelecido uma base melhor com os outros assuntos que discutimos e possa usar os princípios aqui abordados. Uma vez que este capítulo pode ser um livro por si só, farei referências a diversos outros livros que escrevi, os quais lidam com o assunto mais especificamente. *Ending the Search for Mr. Right*,[5] *Secrets of an Irresistible Woman*,[6] *If Men Are Like Buses, Then How Do I Catch One?*[7] e *The Unspoken Rules*

5 Harvest House Publishers, 2005/ *Encerrando a busca pelo Sr. Cara Certo* (em tradução livre). (N.T.)
6 Harvest House Publishers, 2005/ *Segredos de uma mulher irresistível* (em tradução livre). (N.T.)
7 Multnomah Publishers, 2000/ *Se homens são como ônibus, como consigo pegar um?* (em tradução livre). (N.T.)

of Love[8] falam de coisas importantes para se caminhar com sabedoria nos relacionamentos interpessoais. Agora, vou abordar várias das principais questões e deixar que faça pesquisas adicionais se precisar.

Como se pode perceber, todo comportamento mencionado aqui é meramente o fruto e não a raiz do porquê de nossas ações Quando nosso coração está saudável, não o colocamos em posições precárias nem toleramos comportamentos negativos de outras pessoas. Ao nos permitirmos ser transformadas pelo poder da Palavra de Deus e aceitarmos Suas orientações claras, começamos a atrair não apenas pessoas diferentes, mas circunstâncias diferentes para nossa vida. Muitas mulheres agem de forma generosa em se tratando de assuntos do coração. Ou, ainda pior, arremessam seu coração, esperando que alguém responsável o pegue. Assim que cai diante de nós com um baque, avariado, culpamos os outros por não cuidarem melhor dele.

Vou fazer-lhe uma pergunta: Onde você deixa suas joias valiosas? Sobre a mesa de centro da sala de estar? Se soubesse que estranhos estavam chegando a sua casa para uma festa, deixaria objetos de valor em lugares onde pudessem ser roubados? Acredito que não.

Bem, a mesma regra se aplica ao coração; portanto, lá vamos nós com os dez erros que mais comumente cometemos uma vez que acreditamos ter encontrado o "homem de nossos sonhos".

....
8 WaterBrook Press, 2003/ *As regras silenciosas do amor* (em tradução livre). (N.T.)

Encarando a realidade

Qual tem sido o padrão que você repete em todos os relacionamentos?
O que pode fazer de forma diferente para rompê-lo?
Em que aspectos desejaria ter sido mais inteligente nos relacionamentos anteriores?
O que acontece quando o coração vem antes da cabeça? Qual o resultado de suas ações?
O que gostaria de poder controlar melhor nos relacionamentos?
O que a deixa fora de controle agora?

Número 1: usem a cabeça, moças ☑

É importante lembrarmos sempre que, quando Deus nos pede para amá-Lo, Ele nos instrui a fazê-lo de todo coração, de toda alma, de todo entendimento e de toda força (Mc 12:30). Sim, a mente está envolvida porque as emoções devem seguir as decisões, e não o contrário. Depois que a mente se compromete a amá-Lo, as emoções a seguem e são mantidas por meio da força de nossas convicções.

O mesmo é verdade quando se trata de lidar com um homem normal, ainda que nesse caso seja mais importante envolver nosso intelecto por um motivo diferente. Lembre-se, o coração pode enganá-la. Baseado no que você quer, ele pode distorcer palavras e circunstâncias em conformidade com os desejos. É aí que muitas mulheres se enganam, adivinhando as intenções do homem e depois se pegando profundamente desapontadas ao descobrirem que as suposições não estavam certas.

Os relacionamentos afetam todas as áreas de nosso bem-estar e também como reagimos às outras pessoas e às circunstâncias em geral. Um indivíduo com o coração partido não é um ser inteiro. Quando estamos magoados, torna-se difícil caminhar de maneira divina. Nossa incapacidade de andar como Deus nos criou e chamou afeta a possibilidade de vitória na vida. O resultado de nossos relacionamentos interpessoais tem um efeito profundo em como nos vemos.

Baseando-nos na aceitação ou na rejeição, incorporamos uma autoimagem que pode complicar viver de maneira saudável, afetando assim nosso trabalho, os cuidados pessoais e as reações gerais a tudo que ocorre em nosso mundo. Um farol vermelho ou uma vendedora rude provocam reações que podem nos afirmar como valorosas ou confirmar nossos maiores medos sobre nós mesmas, o de que não somos adequadas, e por isso não merecemos o amor. Deus quer que andemos em plenitude, e esta não pode ser determinada por outra pessoa, mas corre o risco de ser afetada por ela se não estivermos usando a razão em nossas interações românticas ou platônicas. Quando não usamos nossa inteligência, ficamos vulneráveis a desapontamentos, por não observarmos os sinais que nos permitem saber quais devem ser ou não nossas expectativas a respeito do outro. Ter expectativas realistas é o paraíso para um coração saudável. "A esperança que se retarda deixa o coração doente, mas o anseio satisfeito é árvore de vida" (Pv 13:12). A responsabilidade por manter o coração saudável é exclusivamente sua.

Por isso, cuide bem dele. Embora resistente, ele pode afetar todas as áreas do bem-estar se for submetido a muitos traumas desnecessários. Você não precisa de um monte de homens na vida... apenas do certo. Ao escolher o discernimento, será capaz de fazer mais escolhas saudáveis para ser bem-sucedida na vida e no amor.

Encarando a realidade

De que maneira você se prepara para situações de mágoa?
Como permitir que as emoções controlassem o bom senso lhe causou problemas no passado?
Quais os primeiros sinais de que está deixando a emoção anular o bom senso?
Identifique uma situação em que você protegeu o coração e sentiu que isso lhe fez bem. Qual o resultado?

Número 2: deixe a perseguição para o homem ☑

Esse princípio é muito importante, mocinhas, pois vai poupá-las de muitas dores de cabeça desnecessárias. Sei que hoje existe um novo tipo de mulher, autoconfiante, independente e no controle de seu mundo. Se você é autoconfiante, tenha certeza de que um homem verá seu valor e lutará para estar a seu lado. Tal comportamento será independente o bastante para que não cometa atos desesperados, que mais tarde lhe custarão caro, pois você não está desesperada por um homem – apenas gostaria de ter um. E estará no controle dos impulsos acima de todas as coisas, pois usará o raciocínio quando a questão envolver homens. Não estou tentando ser dura, mas sinto verdadeiramente que essa é uma prática perigosa, que muitas vezes termina com um coração magoado.

Por favor, moças, cuidem melhor do coração! É biblicamente fora de ordem que a mulher persiga o homem. Se não acredita nas Escrituras, então lhe digo que essa é uma lei universal. A Palavra de Deus funciona quer você acredite quer não. Homens são criados e culturalmente definidos para a caça. E as mulheres, para os prêmios valiosos. Perdemos nossa posição e valor diante deles ao assumir a perseguição. Quando eu estava crescendo, as mulheres costumavam aconselhar as filhas: "Você precisa se casar com um homem que a ame mais do que você a ele". Eu costumava pensar que esse era um conselho terrível. Elas diziam isso porque sentiam que, se o homem amasse mais a mulher do que ela a ele, as filhas nunca seriam magoadas. De certa forma, é verdade.

Se olharmos para a ordem espiritual, amamos porque Jesus nos amou primeiro. Ele é o modelo máximo de Noivo no Espírito, o que deveria ser traduzido para a vida cotidiana. O homem deve escolher você como Cristo nos escolheu. Deve persegui-la, lutar por você e conquistá-la, assim como Ele fez por nós.

Sempre me perguntam: "Bom, mas e se o homem for tímido, Michelle, ou tiver sido magoado por outra pessoa e precisar de um pequeno incentivo?". Minha resposta será sempre a mesma: Nenhum homem é tímido demais quando se trata de ir atrás de algo que deseja. Se for passivo para persegui-la, ele também será passivo em outros aspectos importantes, como buscar um emprego, promoção ou qualquer outra que impulsionaria a vida a dois. Nesse caso, você se tornará a pessoa que toma as decisões e, eventualmente, passará a não mais respeitá-lo e desejá-lo, pois ficará cansada de vestir calças no relacionamento. Você irá provocá-lo infinitamente para fazer com que prove que a ama, porque nunca terá a paz resultante da certeza de ter sido escolhida por ele. Isso se torna o parque de diversões do diabo, uma vez que ele constantemente a desafia e questiona em voz sussurrante: "Tem certeza de que é a primeira escolha dele?". Não se coloque nessa situação.

Qual seria o equilíbrio? Seja acessível, mas não faça a aproximação. Isso significa que você pode dizer olá? Claro. Elogie a gravata do sujeito se quiser. Mas não se atire em cima dele. Cabe a você fazê-lo saber que a aproximação é segura. O trabalho dele é convidá-la para sair e agir para que seja possível conhecê-la melhor. Um mantra simples para lembrar é o seguinte: Seu trabalho é ser; o dele é fazer. Entendeu? Como escrevi antes, finja que é uma flor. O que uma flor faz? Apenas fica lá, linda e cheirosa. Não grita para ser colhida. Ela é o que é, e aqueles que reconhecem sua beleza optam por levá-la para casa e colocá-la em um lugar em que possa ser apreciada ainda mais.

Permitir-se ser escolhida é uma das maneiras de proteger o coração. Quando você é o prêmio que o homem deseja, tem mais valor aos olhos dele. O sujeito sabe que deve fazer o trabalho para garantir o relacionamento. A atenção e o tempo de uma mulher não estarão garantidos, porque ele se lembrará de que precisou conquistar o interesse dela. Quando é você quem escolhe, acaba se colocando em uma posição na qual talvez seja substituída por outra que ele deseja perseguir. Na mente masculina, ele não a escolheu; foi escolhido e, portanto, está com alguém que não é bem quem teria preferido para si mesmo. Então, quando encontra uma mulher mais de acordo com o que tinha em mente, mesmo não estando certo de que seja realmente o melhor, vai persegui-la. Você já ouviu histórias de mulheres que namoraram durante dois ou três anos, até que o namorado rompe o relacionamento e logo se casa com alguém que só conhecia há três meses. Pode haver várias explicações para essa situação, mas uma das principais envolve quem escolheu quem... É isso.

Encarando a realidade

Qual a justificativa que a leva a perseguir um homem? Como isso funcionou para você?

Como se sente quando o homem a persegue?

Você é capaz de comparar seu nível de confiança em situações nas quais persegue e em outras em que é perseguida? Qual das duas a faz se sentir melhor? Por quê?

Número 3: faça as perguntas certas ☑

Ele acabou de se aproximar de você, o homem dos seus sonhos. É alto, moreno, bonito. Bem-sucedido, com bom senso de humor, e gosta de você! No entanto, o que mais há sobre ele? O que realmente sabe sobre essa pessoa? Se você tem sentido muita necessidade de atenção masculina por algum tempo, a que ele lhe dá pode até lhe soar suficiente, mas não deveria ser. É preciso que descubra se ele merece tanto entusiasmo.

Fico espantada com a quantidade de pessoas que se prendem a um romance e esquecem os aspectos práticos da vida com os quais terão de lidar depois de retiradas as lentes cor-de-rosa dos olhos, quando pousam de volta no mundo real.

Quais os objetivos do homem? Combinam com os seus? O que ele pensa de viver uma boa vida? Isso é importante. Afinal, talvez seja um rapaz que gosta da vida no campo, e você é uma garota da cidade. Por isso, quando ele quiser se mudar para um local distante da cidade, você não será uma caipira feliz. Portanto, é a hora de conhecer os gostos dele. As coisas que lhe são importantes. Quais suas prioridades na vida.

Como ele caracteriza um bom relacionamento? O que espera de uma mulher? Esse tipo de coisa é importante, pois você quer saber se o sujeito valoriza as mulheres. Ele tem ideias definidas sobre o papel dos gêneros? Como ele espera que a vida esteja em cinco anos? Dez? Vinte? É bem possível que se surpreenda ao descobrir que a opinião dele a respeito de uma vida fabulosa combina ou não com a sua.

Ele quer ter filhos? BOA pergunta! Se não quiser, e você sim, esse é um fator determinante. O homem não vai mudar de ideia e apenas se ressentirá por você ir contra a vontade dele e desejar filhos de qualquer maneira, caso o arraste para o altar. Ou talvez ocorra o inverso. Então, ele ficará magoado por você não lhe dar o que quer. Agora não é a hora certa de pensar que pode se casar com um homem hoje e mudar os caminhos dele amanhã. As pessoas são o que são, e tomaram decisões sobre o que querem e gostam conforme anos de condicionamento. Essas coisas não mudam da noite para o dia, se é que mudam. Tendo em conta que gostaria que seus desejos fossem realizados, você deve fazer o mesmo com o homem, sem ignorar as opiniões ou os sentimentos dele. Por isso é importante descobrir as respostas às coisas que mais lhe importam, a fim de verificar se combinam um com o outro.

O que mais é importante para você? Limpeza? O sentido frugal do dinheiro? Amor pelas artes e pela música? Viagens? Laços familiares estreitos? Vida social intensa? Bom senso de moda? Uma casa organizada? Essa lista de coisas cuja importância você não percebe até depois de ter dito "aceito" continua indefinidamente. As consequências de se irritar pela falta de compromisso da outra pessoa com o que é importante para você talvez causem grandes problemas mais tarde. Agora é o momento de definir suas necessidades para uma vida alegre e saudável. E converse sobre isso com ele quando saírem para jantar ou estiverem desfrutando um passeio em um ambiente casual, que não seja ameaçador. As pessoas adoram falar sobre si, por isso não deve ser difícil conseguir as respostas ao que precisa saber.

Sim, até mesmo potenciais relacionamentos devem passar por uma entrevista. Empregos assim o fazem, e o casamento é o emprego de mais difícil administração. Assim como o patrão não contrata um empregado que não seja qualificado para o cargo, você não deve considerar alguém para uma parceria por toda a vida caso ele não preencha os requisitos de seus desejos ou de suas necessidades. Embora os opostos se atraiam, pontos em comum funcionam como a cola que auxilia um relacionamento a permanecer intacto por muito tempo. A Palavra de Deus faz a seguinte pergunta: "Ora, duas pessoas poderão caminhar lado a lado se não tiverem de acordo?" (Am 3:3 NKJV).

Sei que não preciso dizer às leitoras que a espiritualidade é uma das áreas mais importantes da vida. Não se ponham em jugo desigual com descrentes (2 Co 6:14). Muitas tentaram e tiveram péssimos resultados quando perceberam que sempre frequentavam a igreja sozinhas, ou discutiam em vão sobre o básico, coisas como oração e dízimo, pois uma pessoa se compromete a viver uma vida entregue a Deus e a outra não. Isso se torna o maior problema quando a mulher tenta fazer o companheiro se adequar à visão de como deve ser a caminhada espiritual.

Dependendo de como a irmã lida com a situação, o conflito poderá ser superado ou explodir. Lembre-se, Jesus é o único sumo sacerdote. O marido será apenas um homem que precisa de um Salvador, assim como você. O segredo é descobrir se o coração dele está em Deus antes de dar um salto cego para seus braços ou para o mar do amor. A vida amorosa do companheiro coerente com as palavras de Deus se tornará mais importante do que você acha atualmente. Pense: um homem que não quer partir o coração Dele também não irá querer partir o da esposa. Ter alguém que sabe de sua responsabilidade perante Deus sobre como a trata é uma grande bênção. Dito isso, apenas porque alguém afirma ser cristão não significa que o seja necessariamente. Repito, ações falam mais alto do que palavras. Não há necessidade de ser crítica, embora você precise ter padrões específicos para o homem que começa a entrar em sua vida. E então deixe que ele escolha onde quer se encaixar nela. Caso a queira muito, fará tudo para ficar com você, inclusive viver a fé em Cristo. Se usar o antigo "Você precisa me aceitar como sou", liberte-o com gentileza, ainda que de modo firme, para seguir o caminho. Ambos precisam estar na mesma página espiritual para que apreciem completamente o livro do casamento.

É claro que você precisa ter conhecimento dos diferentes níveis de amizade e saber quando é correto fazer certas perguntas. Afinal, acredite em mim, há algumas indagações difíceis que precisarão ser feitas em algum momento. Não são coisas confortáveis de investigar, mas, novamente, é melhor não ter quaisquer surpresas desagradáveis.

No mundo atual, é interessante que pergunte ao homem se ele já experimentou sexo com outros homens. Mais uma vez, essa linha de questionamentos só é apropriada se ele parece romanticamente atraído por você. Com o fenômeno da "discrição" cada vez mais comum e mulheres contraindo HIV/AIDS aos montes, temos de nos cuidar. Ele está disposto a fazer um exame antes de avançar para um relacionamento mais profundo? Embora você não tenha intenção de se envolver sexualmente até o casamento, essa ainda é uma informação necessária para saber se ele é sério em relação a cortejá-la pensando em casamento.

A situação financeira, outra conversa difícil em determinados momentos, é necessária para que se tomem decisões.

Às vezes vale mais a pena esperar até que grandes quantidades de dívidas sejam sanadas antes de se unir a alguém que talvez se ressinta por herdar um monte de contas a pagar.

Acho que a questão já está entendida. Elabore uma lista do que é importante para você. Como quer que seja seu casamento, seu relacionamento, e faça perguntas compatíveis com tais linhas de pensamento, para ter certeza de que ambos objetivam as mesmas coisas. Lembre-se, o romance desaparece e a vida real se estabelece de forma rápida, e apressada; assim, se ambos concordam com o caminho a seguir, a jornada será muito mais doce!

Encarando a realidade

Faça uma lista dos traços de caráter que lhe são mais importantes em um parceiro de vida.

Avalie sua capacidade de fazer perguntas a um potencial pretendente.

O que a impede de fazer perguntas difíceis? Como isso a prejudicou no passado?

Que questões envolvendo o futuro são relevantes para você? O quanto é importante fazer perguntas nesse sentido? Por quê?

Número 4: mantenha o mistério ☑

Não estou falando sobre fazer joguinhos, moças. Falo sobre o tipo de mistério que coloca ideias na cabeça de um homem e o faz querer mais de você. Ninguém merece ter tudo de alguém de imediato. Parte do prazer em receber flores é ver o quanto ficam mais bonitas ao se abrirem dia após dia, a fragrância tornando-se cada vez mais doce. Precisamos aprender uma lição com elas.

Agora que lhe disse para fazer as perguntas certas, é necessário que saiba as coisas certas para dizer. Sou uma irmã, e você também, mas isto precisa ser dito: a maioria das mulheres fala excessivamente, cede muito e cedo demais! Como assim? Você realmente acredita que, se permitir a um homem conhecer como você foi magoada antes vai estimulá-lo a protegê-la mais? A coisa simplesmente não funciona desse jeito. Vou lhe contar o que ele está pensando: "Humm... se todos esses outros homens a trataram dessa maneira, o que será que viram que ainda não enxerguei?", ou ainda: "Por que ela permitiu que a tratassem dessa forma? Certamente não sente que merece ser mais bem tratada, e talvez não mereça mesmo!". Quanto mais você revela, mais questionamentos desfavoráveis surgirão na cabeça dele.

A outra parte dessa equação é que homem não gosta de ouvir histórias de outros homens. Quer admita ou não, ele alimenta a fantasia de que é o único na sua vida, e não aprecia fazer parte de uma lista. Se o ex da lista está sendo discutido com tantos detalhes, ou o atual se preocupará com sentimentos persistentes que você ainda possa nutrir pelo amor do passado, ou acreditará que em algum momento vocês estarão discutindo sobre outra pessoa. E não vai gostar. Minha regra simples nessa situação é que, se não houver algo da vida amorosa que possa causar um impacto no relacionamento atual, guarde o resto para si. Se sentir a necessidade de relembrar e abordar qualquer assunto, é mais seguro dizer que ainda não está completamente curada, e essa é uma conversa que precisa ter com o Senhor para que Ele possa recuperá-la. Descarregar informações que não se relacionam a seu potencial pretendente é T.M.I.[9] Vamos olhar por outro ângulo. Você quer ouvir mesmo todos os detalhes sórdidos sobre as outras namoradas do homem? Acredito que não. Deveria desejar conhecer apenas o suficiente sobre a história dele, para saber se tem fobia de compromisso ou é do tipo que culpa as outras pessoas quando as coisas não funcionam, em vez de assumir sua parte da responsabilidade pelo que acontece. Mas detalhes íntimos sobre como o coração foi jogado no meio-fio e como ele agonizou por causa de outra que não era você? Acho que não.

 Muitas mulheres têm me perguntado o que determina a informação exagerada, e minha resposta é simplesmente: Qualquer coisa que você não queira que fique guardada na memória de alguém para ser lembrada no futuro. Qualquer coisa que não queira revisitar nos momentos mais felizes. Ou que possa ser usada contra você. Ou que possa

....
9 Em inglês, *too much information*, ou seja, informação demais. (N.T.)

ser usada como chantagem emocional ou arma de manipulação. Está entendendo?

Aqui estão outras diretrizes para escolher o que deve ser revelado. Por que quer compartilhar a informação? Para angariar compaixão? Para criar algum tipo de vínculo estranho que se pareça com intimidade por ter dividido um segredo? Para chocar a pessoa? Para fazer com que ela se abra? Todos são motivos errados. Você não quer sentimentos fraudulentos de compaixão vindos de um potencial pretendente. Na verdade, o que deseja é inspirar sentimentos de cordialidade e carinho, pensamentos românticos, e a vontade dele de permanecer mais tempo com você.

Para fazer isso de forma eficaz, siga as pistas e a liderança dele, ou seja, esteja mais interessada nele do que em se revelar. Como as pessoas adoram falar de si mesmas, quanto mais perguntas fizer sobre ele, mais acreditará em seu interesse. E isso é bom. Ao compartilhar coisas com você, sinta-se livre para trocar experiências e pensamentos que coincidam com o que ele está lhe contando. Isso cria um elo natural entre vocês, o qual abre caminho para amizade, compreensão e, no final, talvez romance, se ele sentir que tem muitas semelhanças com você e vice-versa. Essa á a maneira natural e saudável de construir um vínculo duradouro com potencial para evoluir até a intimidade.

Para preservar seu mistério e deixá-lo querendo mais, observe como se apresenta fisicamente. Menos é mais quando se trata de roupas, a não ser que estejamos falando de acessórios. O poder reside no que ele não vê, minha irmã. Todo homem gosta de pensar na mulher como seu grande segredo. Um jardim que apenas ele pode explorar. Não gosta de compartilhar todos os atributos dela com o resto do mundo. Embora o mundo tenha assumido o conceito de que, quanto mais mostramos, mais atenção atraímos, devo esclarecer que nem toda atenção é positiva.

Como uma mulher de Deus, o pudor não é apenas um indício de castidade, pois pode ser verdadeiramente sensual! Importa o que está dentro do pacote. O comportamento seguro e tranquilo. As roupas de bom gosto e elegantes, que sempre despertam o interesse e a curiosidade. Seja comedida e saiba que você é um presente que será desembrulhado no tempo certo e nem um segundo antes. Por isso é importante que tenha suas próprias fontes de alegria além do homem. Deixe-o imaginando o motivo pelo qual você é tão satisfeita e feliz.

São as pequenas coisas que criam mistério, da maneira como você ri ao seu cheiro – isso significa ser provocante sem ser lasciva. Trata-se de ser você mesma naturalmente e de se deliciar com isso. Esse é um presente que Deus deu a todas as mulheres que o mundo tenta explorar, mas, ao enxergarmos o poder por trás dessa realidade, recuperamos os pedaços de nós mesmas e aprendemos a compartilhá-los com moderação, até que alguém mereça receber um transbordamento. Enquanto isso, guarde todas essas preciosidades em um local seguro.

Encarando a realidade

Que coisas especiais outras pessoas perceberam em você que vê como garantidas?
De que maneiras você dá demais de si mesma muito cedo? O que a leva a fazer isso? Qual é o resultado quando age desse modo?
Que questões não resolvidas você se pega repetindo que precisam ser curadas antes de seu coração seguir em frente?
De que formas pode preservar seu mistério?

Número 5: não ignore os sinais! ☑

Uma mulher que conhece seu valor não cai em armadilhas amorosas, como alguns jogos feitos pelos homens. Mulheres inteligentes ouvem e registram as ações que se seguem. Vamos começar com palavras. Ações falam mais alto que palavras, mas você deve saber também o momento de prestar atenção ao que está sendo dito. Quando um homem fala coisas como: "Não mereço você", ou "Você é boa demais para mim", acredite nele! Não tente mudar tal ponto de vista. Descobrirá mais tarde que ele estava absolutamente certo.

Deus nos permite ouvir e ver aquilo de que precisamos para termos a oportunidade de nos salvar de mágoas futuras, mas normalmente ficamos tão envolvidas com a euforia da perspectiva de um romance, que ignoramos os sinais de alerta e prosseguimos sem cuidado. Péssima ideia. Se um homem diz: "Não estou preparado para um compromisso", na verdade está querendo dizer: "Não estou preparado para um compromisso com você". Não se zangue. Agradeça-lhe a honestidade e mantenha a amizade, ou siga em frente se achar que não será capaz de conviver com ele sem expectativas de algo mais.

Então, o que uma garota deve pensar se o homem está dizendo todas as coisas certas, mas as ações não correspondem ao que fala? Se ele não mantém a palavra antes do casamento, certamente não a manterá depois que selarem os votos. As ações dele são o reflexo real do coração. "Porque, como ele pensa consigo mesmo, assim é" (Pv 23:8 – RA). Se ele quer ficar com você, estará a seu lado sem que precise pedir.

Sigamos em frente. A confiança deve ser conquistada. Ações sempre falam mais alto do que palavras. Se o homem está falando muito, mas não faz nada para comprovar boas intenções, não invista o coração nele. Muitas mulheres entregam o coração antes de o sujeito provar que é digno de recebê-lo.

Ouçam isso, mocinhas: homens seguem padrões que não podem ser ignorados. Um homem sempre começa ardente e intenso quando está na perseguição ativa. Se você se permitir ser capturada cedo demais, ele esfriará ainda mais depressa do que quando a perseguiu, por isso, conduza o ritmo do relacionamento. Não fique tão prontamente disponível desde o início. Dê a ele o espaço e o tempo para se voltar conscientemente a você.

No entanto, depois que se adaptarem, fica a seu critério observar o padrão pessoal de interação dele. Se alguma coisa mudar, registre essa mudança. Atos de desaparecimento nunca são aceitáveis. Se você não é capaz de explicar grandes lacunas de tempo na agenda dele e seu comportamento é esquivo, cuidado. Ou ele tem questões pendentes, ou *não vai finalizar* com algo ou alguém, e qualquer uma dessas opções o desqualifica para um interesse amoroso. Um homem que abriga segredos e não informa seu paradeiro não está agindo com integridade. Nos dias de hoje, o segredo dele pode ser uma questão de vida ou morte para você.

Se ele o mantém, não ignore os sinais de alerta. Um homem que realmente a vê como sua mulher e alguém em quem está investindo quer expô-la a seu círculo íntimo e a todos que são importantes para ele. Age com transparência a respeito do relacionamento com você. A fase do namoro, é o momento de aprender tudo que puder sobre ele. Você nunca conhecerá alguém totalmente até que estejam vivendo juntos, mas é possível fazer a tarefa de casa antes e diminuir as surpresas.

Se o homem não mostrar boas maneiras e consideração agora, nunca irá fazê-lo. Esse traço faz parte do caráter dele. Se é avarento em vez de regrado, verifique bem e não seja pega de surpresa quando não mostrar qualquer interesse em mimá-la com as coisas que você gosta de receber. Se começar a tirar mais do que a dar, não feche os olhos para essas tendências; são pequenos sinais aos quais deve estar atenta.

Já afirmei várias vezes que namoro não é o momento para acasalamento, mas para reunir dados. É quando você observa se ele se *qualifica* para considerações mais sérias. É o momento em que abre aquela adorável lista apresentada a Deus quando estava fazendo o pedido por um companheiro, e começa a comparar o que escreveu e o que está se manifestando bem diante de você. A lista que elaborou deve ter uma contagem decrescente de expectativas realistas, além das características superficiais que eventualmente irão desaparecer.

Há muitos atributos que precisam ser examinados antes que se sinta livre para entregar seu coração. O objetivo final não se centra apenas em se casar com o melhor amigo, mas com um homem íntegro. Leva tempo e muita comunicação até que tome a decisão de seguir em frente.

A química é uma explosão temporária, na melhor das hipóteses. Depois que a fumaça se dissipa, é melhor que haja um homem de verdade ali. Homens reais mantêm as promessas. Levam em consideração o coração, o tempo e o espírito da mulher. Procuram protegê-la e satisfazê-la. Um homem de verdade vai querer saber tudo sobre a mulher. Observará o que é importante para ela e procurará maneiras de agradá-la e apoiá-la. Será como Jesus, dando a Si mesmo por você.

Que tipo de coisas você deve observar e registrar? A maneira como ele fala sobre a família e as outras mulheres – especialmente a mãe, pois revelará como se sente a respeito delas. Questões não resolvidas com a mãe não são boas. Seja sábia; tais questões irão se sobrepor a você. Se ele for um garoto da mamãe, analise bem o contexto; você pode terminar se tornando a outra mulher se o homem não for capaz de manter o relacionamento com a mãe em uma perspectiva adequada. Observe a dinâmica familiar em que ele vive Afinal, essa poderá ser sua família em alguns anos. A que tipo de vida familiar ele foi exposto? Saudável ou desajustada? Qual é o normal dele? É normal para você? Todas essas coisas precisam ser seriamente consideradas porque estamos falando do restante de uma vida.

Os amigos e a história de trabalho são outros indicadores. Os amigos são como ele, por isso, examine-os de perto. São desrespeitosos e moralmente perdidos, ou devotos, bem-sucedidos e atenciosos? Lembre-se, um homem é como os amigos quando não está perto de você. Vale o ditado: "Passarinho que anda com morcego dorme de cabeça para baixo". A profundidade da ligação dele com os amigos e o trabalho irá revelar como lida com compromissos em longo prazo. Se a vida do homem é uma porta giratória, esse é um indicador sério do que está por vir.

Como ele lida com as emoções e com o dinheiro? Outras duas questões importantes. Também é relevante observar como administra a raiva. Os indicadores em potencial de abusos são normalmente aparentes antes que duas pessoas subam ao altar. O erro cometido pela maioria das mulheres é assumir que podem mudar um homem depois do casamento. A única pessoa que você será capaz de controlar é a si mesma; por isso, não se frustre acreditando que mudará outro ser humano. Veja-o como ele é e decida se pode viver com aquela pessoa pelo resto da vida. Se não puder, desista antes que seja tarde demais. Aquilo com que não podemos lidar antes do casamento provavelmente não irá mudar depois da troca de votos. Leve o tempo necessário para conhecer bem a pessoa com quem está se casando. Você não pode perder o que nunca teve, mas é difícil apagar as lembranças, especialmente aquelas repletas de arrependimento.

Encarando a realidade

De que sinais se arrependeu de ter ignorado no passado? O que a faz ignorá-los? Como ignorar os sinais impacta na evolução do relacionamento? Como você reagiu ao descobrir a verdade? A quem culpou? Por quê? De que maneiras se permitiu ser enganada por sinais diversificados antes?

Número 6: nunca se comprometa ☑

Vamos falar sobre o arrependimento mais profundo que você pode sentir como mulher: investir completamente em alguém que não reconhece seu valor ou não a trata como o tesouro que é. Estou falando sobre o arrependimento que comprometeu sua pureza. Nenhuma mulher deveria ter que cantar a música *Will You Still Love Me Tomorrow*?[10]. Dar seu corpo a alguém que não seja o marido é um erro enorme. Afaste a desculpa de que isso é permitido porque estão em um relacionamento sério. Um homem não é marido até que ele seja seu marido. Considere o seguinte: Quantos outros relacionamentos sérios já teve? Você se casou com

---
10 *Você ainda vai me amar amanhã?* (em tradução livre). Canção escrita por Gerry Goffin e Carole King, originalmente gravada em 1960. (N.T.)

algum daqueles homens? Esse é o ponto. Considere se o fato de envolver-se fisicamente com algum de seus antigos pretendentes teve qualquer influência no resultado do relacionamento. É seguro dizer que a intimidade sexual causou apenas uma dor mais profunda quando tudo acabou? Isso acontece porque o sexo não é superficial; ele tem a profundidade do espírito. Torna-se algo que deixa uma impressão no espírito que nunca poderá ser apagada.

Dar a si mesma, a seu corpo, pode ser comparado a um culto. O ato de dar tudo o que é e tudo o que tem devia ser reservado àquele que é capaz de doar a própria vida por você. Já ouvi mulheres dizerem que o sexo lhes dá poder sobre o homem, mas isso não é bíblico.

A verdade da questão é que você desiste do poder quando cede. A Palavra de Deus diz que nos tornamos escravos daquele a quem nos oferecemos para obedecer (Rm 6:16). Ninguém deveria ser capaz de ter tanto poder sobre você, a não ser que esteja disposto a pagar o preço em uma aliança vitalícia. O custo de entregar o corpo àquele que não está comprometido com você em um casamento é normalmente muito mais alto do que o previsto. A dor que fica do vínculo de alma com alguém que se afastou pode ser debilitante. Por esse motivo, Deus estabeleceu o padrão de pureza não apenas para proteger o coração da mulher, mas para mantê-la reservada àquele que vai merecer todo seu amor.

Para aquelas que já estiveram comprometidas em muitos relacionamentos, o cinismo elimina a esperança do coração antes de lhe permitir amar completamente. Para cada pedaço que você ceder, mais difícil será recuperar a alegria e a realização iniciais do amor, da maneira como Deus propôs. Nosso coração estará cheio de cautela, desconfiança e apreensão. Às vezes, até perdemos nosso discernimento, tornando-nos incapazes de receber quando a coisa certa finalmente aparece.

Oh, como perdemos a paz ao escolhermos caminhar contra o desígnio de Deus, que foi decretado para nossa proteção. Um ingrediente importante da maturidade é compreender que mulheres sensatas assumem a responsabilidade não apenas pelo coração, mas pelo corpo e espírito também. É administrar o equilíbrio incrível de viver segura sobre a sexualidade, e ainda assim escolher caminhar na pureza, ciente de que a liberdade e a plenitude acontecem com a batalha entre a carne e o espírito. Isso resulta do conhecimento completo sobre seu valor e do compromisso de proteger essas coisas consideradas valiosas para Deus, assim como o são para você.

Encarando a realidade

De que modo você se comprometeu a fim de conquistar o amor de um homem? Qual foi o resultado? O que fará de forma diferente da próxima vez?

De que maneiras você luta contra seu valor pessoal? Por quê?

Quais são as consequências de violar a Palavra de Deus quando se trata do sexo fora do casamento? Como isso a afeta emocionalmente?

Depois de uma rejeição, quais os arrependimentos ao ter se entregado inteiramente a um homem?

Número 7: não ultrapasse seus limites ☑

Quando um homem está pronto para assumir um compromisso, ele move céu e terra para colocar a vida em ordem, a fim de acolher a mulher que decidiu ser a melhor. Até lá, ele pode apreciar o tempo que passa com você e desfrutar todos os benefícios de ter uma mulher, sem a responsabilidade associada a um relacionamento comprometido. Portanto, não se comporte como companheira ou namorada até que ele confirme claramente as intenções de estar em um relacionamento sério. Se isso parecer apenas implícito, você não está em um relacionamento! Este se oficializa quando ambos, após discutirem sobre seguir em frente juntos, concordaram mutuamente em fazê-lo. Nunca deixe que o comprometimento seja uma suposição.

Já foi dito que um homem só fará o que a mulher permitir. Portanto, se ela lhe permitir continuar em uma situação descompromissada, ele vai tirar o máximo proveito de tudo o que lhe for oferecido, sem maiores comprometimentos com a relação. A Universidade de Rutgers[11] realizou um estudo sobre o motivo pelo qual o número de homens comprometidos se reduziu a uma taxa alarmante. Todos os participantes afirmaram que não sentiam que precisavam assumir compromisso; já estavam experimentando todos os benefícios de um casamento sem precisarem se casar. As mulheres estão mais no controle do que imaginam. A ques-

....
11 A Rutgers, Universidade Estadual de Nova Jersey, também conhecida como Universidade de Rutgers (Rutgers University), é a maior instituição de ensino superior de Nova Jersey, Estados Unidos. (N.T.)

tão simplesmente envolve nossa escolha em permitir ou não. Quando você age como uma esposa antes que o seja, há chances de que não se torne uma. Afinal, não ofereceu ao homem nada a que aspirar. A antiga regra ainda vale: Sempre o deixe querendo mais. Ele deveria estar pensando, dia e noite, em como agir para ter mais de você, e não em como fazê-la recuar ou, ainda pior, em como não precisar fazer mais do que está fazendo ou preocupar-se em afastá-la dele. Se você está "flutuando" em um relacionamento, como digo, admita que permite esse comportamento inaceitável por medo. Medo de que, se mostrar que deseja mais da relação, ele fuja. Se isso é verdade, acredite, ele vai se afastar em algum momento, e você está simplesmente adiando o inevitável. Valorize-se o bastante para não permitir a outra pessoa que desperdice seu tempo.

O tempo é um bem precioso para uma mulher, dependendo de seus objetivos de vida. Se o cenário do futuro inclui crianças, há parâmetros de tempo que não podem ser ignorados. Isso não significa falta de fé, mas realidade. Se você sente que o tempo está se esgotando para algumas coisas na vida, recomendo que aceite a realidade e considere motivo de grande alegria Deus, em Sua infinita sabedoria, saber que essa talvez não seja a melhor opção para você, embora a queira. Quando estou em momentos assim, sempre penso nesta Escritura: "Deu-lhes o que pediram, mas mandou sobre eles uma doença terrível (Sl 106:15 NKJV)."

Eu Lhe agradeço por ter-Se recusado a me conceder tudo o que me colocaria em perigo ou fome espiritual, ou até mesmo física ou emocional. Lembre-se de que Deus sabe melhor, e, embora possamos fazer planos para nossa vida, Sua vontade prevalece, e sempre será a melhor para nós. Mas voltemos à questão central. Independentemente de o problema ser ou não sensível ao tempo, não permita que ele ou a energia que você tem sejam desperdiçados em nome de um relacionamento que no final não lhe trará benefício emocional ou espiritual. Percebo que muitas se agarram a isso, orando para que seu homem algum dia abra os olhos para a realidade. Veja a situação com clareza ou, caso contrário, ficará muito desapontada em perceber relacionamentos longos e demorados desvanecendo-se em manchas escuras como um péssimo filme. Tenha em mente que você é a diretora e, portanto, precisa tomar as decisões; quando a cena dura muito tempo sem qualquer sinal de resolução, é hora de gritar: "Corta!".

Conversemos sobre a famosa frase "Vamos ser amigos". É aqui que mulheres inteligentes cometem tolices. Quando um homem lhe diz isso, está verificando as opções. Em outras palavras, ele quer o benefício do relacionamento sem a responsabilidade. Ainda não decidiu se é você, e isso significa que provavelmente não seja mesmo, pois os homens costumam saber no início do jogo. Ele ainda está à procura. E, apesar disso, não quer desistir da segurança e das regalias de ter uma mulher. No entanto, não quer se envolver muito profundamente, pois poderá encontrar o que está de fato procurando e ter de terminar. Talvez a considere uma substituta e nada mais.

Entenda a situação e faça alguma coisa a respeito. Mais uma vez, não se zangue; fique esperta. Trate-o como amigo.

No entanto, o nível de importância do homem deve cair porque você tinha outros amigos antes que ele aparecesse. Por isso, deverá ser tratado como os outros. Ou seja, não é o primeiro na hierarquia. Você não estará disponível toda vez que ele ligar. Nem parará tudo o que está fazendo para aceitar um convite dele, pois, se forem realmente amigos, ele não terá o direito de encarar o tempo ou a agenda que pertencem a você como garantidos. Certo?

Portanto, nesse contexto, você está livre para explorar outras opções. Não será sábio sentar-se e esperar que ele mude de ideia, porque isso provavelmente não acontecerá. Se depois de examinar o cenário ele perceber o grande partido que está perdendo, então você talvez reconsidere, se ainda estiver disponível, mas, enquanto isso, siga em frente.

Não se esqueça de que tempo, mente, corpo, presença e amor são um bem valioso! Qualquer um que não consegue reconhecer isso não está pronto para o horário nobre da TV. Ele é que *está* perdendo, não você. Considere uma mercadoria em uma loja, cujo valor não diminui só porque ninguém a compra. Basta que a pessoa certa apareça e reconheça o que aquele produto em particular acrescenta à vida dela. E, como você sabe, a mesma roupa não fica bonita em qualquer corpo. Um bom caimento é definitivamente necessário. E isso vale para os dois lados. Portanto, cuide-se bem. Você pertence a Deus, então se comporte como o prêmio precioso que é, sabendo que no dia e na hora certos o homem certo irá aparecer e escolhê-la – sim, você – para ser a estrela do show. E tudo o que precisa fazer é se destacar e ser quem é – graciosamente, é claro.

Encarando a realidade

Qual tem sido o padrão repetitivo em todos os seus relacionamentos?
O que pode fazer de forma diferente para rompê-lo?
De que maneiras perdeu tempo em relacionamentos no passado? Por quê?
Qual foi o resultado?
Por que é importante não desperdiçar tempo?
Quais as expectativas de Deus em como você passa o tempo?

Número 8: esteja aberta para conselhos sábios ☑

Era uma vez uma amiga que tive... bem, ainda a tenho, mas foi preciso que nos recuperássemos de um grande revés devido à interferência de um homem. Certo dia, ela conheceu esse cara, apaixonou-se perdidamente, e perdeu a cabeça. Não o apresentou aos amigos ou à família até que enviou os convites de casamento. Literalmente desapareceu em um buraco negro durante o namoro e não ressurgiu até o momento de anunciar as núpcias. Ninguém o conhecera de antemão. A explicação dela foi simplesmente: "Eu só não queria que as pessoas me perguntassem sobre outro relacionamento que talvez não desse certo, por isso decidi esperar até fechar o acordo". Enfim, concretizou o negócio, e então a confusão veio à tona. Todas as coisas que ela desconhecia surgiram em seu amado. Era violento, abusivo, instável, incapaz de manter um emprego. Preciso continuar? O casamento foi um desastre caro para minha querida amiga, que descobriu que sair do relacionamento era muito mais complicado do que entrar nele. Tudo que aconteceu me confundiu completamente e desafiou minha compreensão. Assisti ao casamento, e o sujeito parecia muito agradável, mas a família era um pouco estranha, e imaginei se minha amiga se daria mesmo bem com aquelas pessoas. Eu simplesmente não via conexão. Mas, é claro, quaisquer observações e contribuições teriam sido questionáveis naquele momento. O movimento fora feito, e ela teria de viver com isso. E foi o que fez por um bom tempo, antes que a pressão da infelicidade finalmente cobrasse seu preço e superasse o orgulho de minha amiga. Um dia, ela desmoronou diante de mim e vomitou todos os detalhes horríveis sobre o que estava enfrentando.

Enquanto a terrível história se desenrolava, percebi tantos sinais de perigo ao longo do caminho que me perguntei por que aquelas coisas não haviam sido óbvias para minha querida amiga. Mas, enquanto ela descrevia o romance em que tinham se envolvido, comecei a entender com mais clareza. Ele havia feito e dito todas as coisas certas. Paparicou-a e levou-a a restaurantes caros. Deu-lhe toda a atenção da qual ela sentira tanta falta. Minha amiga foi envolvida pelo delírio da química inflamável e do romance. Afinal, o que um cachorro faminto faria se visse um osso? Isso mesmo, irmã, atacaria na hora! Bem, foi o que ela fez. E com o casamento em frangalhos, convidou os amigos próximos e queridos para ajudá-la a recolher os pedaços.

Moral da história? Mantenha-se transparente e responsável perante os amigos e a família, e não ignore conselhos sábios, mesmo se não gostar deles. A Palavra de Deus fala sobre a importância de abraçar a sabedoria. Deus dedicou um livro inteiro a ela em Provérbios e nos encoraja a tratá-la como irmã (Pv 7:4). Se o fizermos, teremos vida longa, riqueza e honra. O resultado? Se deseja que as coisas corram bem com você e seus relacionamentos, precisa usar a cabeça! Esse não é o momento de se tornar tão cheia de segredos a ponto de se perder em seu próprio canto escuro, ou tão espiritual que não seja terrena. Relacionamentos não podem ser espiritualizados. Embora não pertençamos a este mundo físico, frio e difícil, ainda vivemos nele. A parte física de nossa existência não desaparece. Ao nos associarmos a Deus no dia a dia, acrescentamos a dimensão espiritual a nossa vida, adicionando-lhe um "superelemento" que, em última análise, deve resultar em um estilo de vida supernatural.

Assim, devemos lidar com o fato de que as pessoas dentro e fora da igreja podem ter questões de caráter inadequadas para relacionamentos vitoriosos. Como Deus nos chama para caminhar com sabedoria, é necessário que consideremos tais coisas antes de fazer uma aliança, pois Seu coração se entristece quando a rompemos. Por isso, faça o dever de casa antes de mergulhar fundo. É muito perigoso ser levada por pura emoção e química. Na verdade, quando somos envolvidas pelo arrebatamento do amor, não estamos interessadas nas consequências, nos avisos ou em qualquer coisa que sinalize o fim das boas sensações que estamos vivendo. Por isso, apresente esse homem aos que não estão ofuscados pela euforia para que o observem. Se o altar do casamento é seu objetivo de pouso, lembre-se: "Os planos fracassam por falta de conselho, mas são bem-sucedidos quando há muitos conselheiros" (Pv 15:22). Com quem você deveria procurar aconselhamento? Provérbios 27:9 diz que "do conselho sincero do homem nasce uma bela amizade". Aconselhe-se com os amigos que sinceramente querem o melhor para você, e estão torcendo pela sua felicidade e seu bem-estar. Não recorra àqueles que podem sentir inveja, que dizem coisas ruins, reflexos da própria dor, ou que mostraram sinais de não a terem apoiado antes. Sendo bastante franca, eu não apresentaria um amigo a alguém que não tivesse um relacionamento amoroso bem-sucedido, ou estivesse vivendo vitoriosamente como solteira. É sempre melhor aconselhar-se com aqueles que estão tendo sucesso naquilo que você gostaria de fazer. Caso contrário, talvez precise ouvir os conselhos com cautela.

Se a verdade está sendo falada no amor, aceite-a, não importa o quão difícil seja ouvi-la. Uma decisão dura agora pode salvá-la de muitas mágoas e dores mais tarde. Lembre-se: "A verdade os libertará" (Jo 8:32). Às vezes não é um sentimento bom, mas, como um remédio, a verdade lhe fará bem. Nesse caso, considere-a como medicina preventiva. Deus nunca quer que aprendamos as coisas da maneira mais difícil. Por isso Ele nos deu discernimento. Enquanto ficamos atentas a Sua orientação e aos conselhos de outras pessoas, escolhemos o melhor caminho a seguir.

Isso me leva ao próximo aspecto: o conselho de Deus deveria ser o principal desejo das pessoas, sem ser negligenciado nessa ou em qualquer outra área da vida. Tiago, capítulo 1, versículo 15, diz: "Se algum de vocês tem falta de sabedoria, peça-a a Deus, que a todos dá livremente, de boa vontade; e lhe será concedida". Josué, no capítulo 9, fala sobre os gibeonitas, um grupo de pessoas que se aproximaram de Josué e dos israelitas enquanto eles estavam reivindicando a Terra Prometida, enganando-os para conseguirem um tratado de paz. Porque ninguém buscou o conselho do Senhor (Js 9:14), Josué e os israelitas não descobriram, até que fosse muito tarde, que aquelas pessoas astutas na verdade eram inimigas de Israel que viviam próximas. Mas então estavam presos por um juramento. Quantas mulheres se viram presas em namoros turbulentos, apenas para que o pesadelo começasse na noite de núpcias?

Meu aviso mais urgente é que você peça a Deus que lhe revele as coisas escondidas sobre o homem com quem está se relacionando, antes de se envolver mais profundamente. Não desperdice tempo com alguém que não deve ser levado a sério. Todo homem que você conhece não é um companheiro em potencial; pode ser apenas um bom amigo ou uma péssima diversão. Deus abrirá seus olhos e deixará tudo claro, se realmente quiser saber a verdade. É claro que, quando Ele lhe revela o coração desse homem, fica a seu critério posteriormente escolher o caminho da sabedoria.

Por último, mas não menos importante, os pais. Posso adverti-la de que nunca pense em se casar sem ter a bênção de seus pais ou de alguém que esteja em uma posição de autoridade na sua vida? Um casal, um mentor ou um pastor.

Aconselhei muitas pessoas à beira do divórcio. Quando lhes perguntei o que os pais achavam do parceiro, a resposta era sempre a mesma: "Oh, não gostavam dele. Não queriam que eu me casasse com aquela pessoa". Nunca falha. Embora seja adulta, por favor, entenda que seus pais a conhecem. Eles a viram se desenvolver e são provavelmente mais conscientes de quem você é e de suas necessidades do que pensa. Estão atentos a coisas que você não percebe, e consequentemente não vão aceitar alguém que, segundo eles, lhe partirá o coração.

Sempre pondere a fonte, mas, por favor, pelo menos considere o que eles têm a dizer. Ninguém nunca ficou pior por ouvir conselhos bons e sólidos. No final, sua própria vida, paz e felicidade dependerão disso. Conselhos ignorados antes do casamento serão procurados apenas em um conselheiro matrimonial depois da lua de mel. Uma mulher sábia faz perguntas antes e não se arrepende de nada mais tarde.

Encarando a realidade

Quais são seus pontos cegos quando se trata de considerar um potencial interesse amoroso?

Como reage aos conselhos quando os recebe?

Quem são os membros de seu círculo de responsabilidades? A vida dessas pessoas representa o tipo de vida que você gostaria de assumir como modelo?

O que aconteceu na última vez que ignorou um conselho? O que aprendeu?

Número 9: mantenha a feminilidade ☑

Embora as irmãs estejam fazendo tudo por si mesmas, o consenso comum ainda é que nenhuma delas realmente quer ficar sozinha. Então, como uma mulher deve equilibrar a independência de que precisa com ser dependente o bastante para fazer um homem se sentir necessário? Ser ou não ser carente, eis a questão. A resposta? Não seja carente a ponto de tornar o parceiro seu oxigênio, mas seja mulher o bastante para fazê-lo sentir-se como homem na sua presença. Vou lembrá-la novamente de que ele se apaixona por você em função da maneira que se sente quando está a seu lado. Portanto, faça-o sentir-se como o rei que ele anseia ser a seus olhos. Uma mulher de verdade não sente necessidade de fazer o que pode ser feito pelo homem quando está com ele. Não é preciso que reafirme ao homem o quão poderosa você é. Eles já sabem disso e sentem-se ameaçados.

A mulher pode moldar ou destruir um homem. Veja a história de Sansão e Dalila (Jz 16). Como um homem daquele acabou sendo apanhado, derrotado e rendido? Porque uma mulher o fez ficar assim. Caiu pelas mãos da mulher a quem revelou o segredo de sua força. Pobre rapaz, não sabia o que o atingira. Em um minuto, estava se divertindo nos braços de uma linda e sedutora mulher; no outro, estava sendo levado acorrentado para ser preso em uma masmorra. Ele, antes temido pelas massas, naquele momento era ridicularizado por todos. Reduzido a isso não pelas armadilhas de um exército, mas de uma mulher.

Compare a situação com o homem encontrado em Provérbios 31, aquele cuja esposa era uma mulher incrível que o capacitou a ser o melhor em casa e na comunidade em geral. Ela era uma bênção para o marido de todas as maneiras, e ele, junto com os filhos, se levantou para elogiá-la. Ela o fez ficar bem e foi recompensada com sua casa em ordem, assim como seu homem e todas as outras questões. Na verdade, a diferença entre um homem derrotado e aquele que se personifica de acordo com o desígnio de Deus é a mulher que o ajuda a construir seu mundo e completar a missão que lhe foi dada pelo Senhor. Essa é a área em que Satanás faz mais estragos, porque ele sabe que o homem e a mulher, unidos em papéis projetados por Deus, são duas das pessoas mais poderosas na face da terra, com a capacidade de mudar nações. Para esse propósito, ele fez o máximo para criar desconfiança e divisão entre os sexos, recorrendo à estratégia de colocar o homem em desacordo com o que mais deseja depois de Deus: a mulher. Ou pelo menos o mantém em um conflito tão constante com ela que acaba chegando à decepção absoluta e até mesmo à violência.

Homens temem a rejeição da mulher, e dimensionam o sucesso pela forma como elas reagem a eles. Nenhum quer ser um fracassado aos olhos de sua parceira, motivo pelo qual reagem tão mal à crítica ou à correção. Recusam-se a pedir informações no trânsito quando estão conosco! Isso deveria libertá-la de ficar na defensiva com os homens. Não são nossos inimigos. Querem ser o melhor para você, mas precisam de sua ajuda para terem êxito.

Garotas, não precisamos aumentar os medos e a confusão deles. Precisamos acalmá-los. Como? Tendo segurança do que somos como mulheres e alegrando-nos exatamente por isso. Muitas afirmam que é difícil ser mulher. Digo que só é duro se ela estiver tentando ser um homem. Ou no quarto ou na sala de reuniões, cumpra seu próprio papel. Ele lhe foi destinado e é perfeito, por isso, cumpra-o bem. Vamos fazer um balanço do que temos e os homens não: capacidade de gerar vida e de alimentá-la; capacidade de realizar multitarefas; mais controle da habilidade vocal (isso é enorme). Ah, mas nosso maior dom é o de influenciar. Enquanto você está gritando sobre por que os homens conseguem executar tudo, repense, minha amiga.

Não me diga que a influência é menos poderosa do que a autoridade. Sim, os homens receberam a autoridade de Deus, mas Ele deu às mulheres algo muito mais poderoso: o dom da influência. Foi a mulher quem influenciou o homem a desistir de tudo o que possuía com uma mordida em uma fruta (Gn 3:6). Guerras foram travadas por causa de mulheres. Nações caíram por causa delas. O homem faz o máximo porque o coração dele bateu um pouco mais rápido com um olhar da mulher, o estômago gelou quando ela sorriu, e não conseguiu tirá-la da cabeça. Perdemos a arte da feminilidade na sociedade de hoje. (Para mais sobre o tema, veja meu livro *The Power of Being a Woman*[12]) A guerra entre os sexos se tornou uma competição viciosa, com mulheres

....
12 Harvest House Publishers, 2014/ *O poder de ser mulher* (em tradução livre). (N.T.)

avançando e homens inflexíveis resistindo com todas as forças. Tempo esgotado! Como conseguiremos trazer o romance e a magia de volta? Celebrando a forma como Deus nos criou e reconhecendo os dons que o Senhor deu a ambos os sexos. Ele concedeu ao homem a incrível capacidade para a lealdade e o tipo profundo de amor que protege e acolhe a mulher até seu último suspiro. A incrível capacidade de separar a razão da emoção e resolver problemas. De ver as coisas em preto e branco e proceder calmamente para impor ordem ao caos. Eles consertam. Estabilizam. Foram criados para dominar e reprimir o mal. Nós trazemos fecundidade ao mundo masculino e a capacidade de construírem e governarem reinos. Adicionamos beleza e discernimento ao mundo deles. Com um conjunto incrível de contradições, adicionamos cor ao preto e branco. Nós nos equilibramos. Nós nos complementamos e completamos um ao outro. Não é extraordinário?

Se você pudesse entender claramente o que traz ao mundo de um homem, talvez se libertasse para ser mais adorável e menos desconfiada. Menos ansiosa para o domínio e mais inclinada para a inspiração. É assim que somos libertadas para caminhar na própria natureza de Deus misericordioso, pois descansamos no conhecimento de que Ele é Deus, portanto que O aceitemos como tal ou não. Ele não será lesado ou desvalorizado se não reconhecermos o quão maravilhoso é. Continuará ainda Deus, mesmo que não Lhe entreguemos nossa vida. Ninguém muda o que Ele é sempre será. Esse deveria ser o modo de pensar de todas. Você não precisa provar nada. É linda. Inteligente. Fértil. Acolhedora. *Uma coisa boa*. Continuo ou finalmente entendeu o recado? Você é o que sempre foi, quer as pessoas reconheçam quer não! Comece a tomar posse dessa mulher que vê no espelho e entenda que ninguém pode diminuir sua grandeza interior.

A mentira de que este mundo pertence aos homens estimula as mulheres a narrarem todas as coisas horríveis que eles fazem para dominá-las. Aqueles que vivem no medo sempre governam com muito mais força do que é necessário. Por que se surpreender com essa realidade? Em vez disso, escolha compreender. Lembro-me de uma frase do filme *The Stepford Wives (Mulheres perfeitas* – 2004). Mike, o líder dos homens que se empenhavam em transformar as esposas em robôs, diz: "Quando as mulheres decidiram se tornar homens, estes decidiram se tornar deuses". Uau! Que profundo. As pessoas sempre tentam controlar o que temem. Lembre-se disso.

Então, como desarmamos o inimigo? Eliminando o fator medo do relacionamento. Sendo parceira, esteio e confidente segura. Levando o coração do homem a confiar em você, como a mulher em Provérbios 31. Pare de lutar contra a submissão e entenda que ela não significa tornar-se capacho. Na verdade, é um veículo para colocá-la na posição de ser abençoada. O que acontece quando se submete a seu chefe no trabalho e faz o que ele lhe solicitou? É recompensada com o pagamento, certo? O que acontece quando, obedecendo à lei, para no farol que está vermelho? É salva da devastação de ser atingida pelo tráfego que se aproxima, certo? As leis são criadas para nossa segurança. Definem-se regras para que tragam ordem. Segurança e ordem criam o ambiente para que as pessoas floresçam e sejam abençoadas, tudo o que Deus quer para todos nós. Mas, se o diabo puder manter a confusão, irá fazê-lo.

Para que toda essa coisa de submissão seja colocada em perspectiva, a Bíblia declara que as esposas devem sujeitar-se aos maridos (Ef 5:22). Não aos maridos das outras, aos seus próprios. Um namorado não é marido; no entanto, se você não mostrar uma atitude de equipe durante a fase do namoro, será difícil apenas entrar em uma submissão automática quando se tornar esposa. A submissão não é mais do que cooperar com aqueles que estão na equipe. Por isso, a cláusula geral da Palavra de Deus diz que todos devemos nos sujeitar uns aos outros (Ef 5:21). O princípio de trabalho é acompanhar aquele com o dom para aquilo que está tentando realizar. Honrarem uns aos outros e trabalharem juntos. A vida não é uma competição, mas uma jornada que requer auxílio ao longo do caminho. Todos nós estamos nisso juntos, portanto, dê uma colher de chá aos outros.

Um último pensamento sobre assunto para o momento em que você cruzar os portais da solteirice em direção ao casamento. Garotas, vocês fazem um grande desserviço aos maridos quando decidem que sabem mais no relacionamento, e que não vão se submeter à liderança deles. Colocam os homens na posição de colher o desagrado de Deus, o que compromete seriamente que sejam abençoados. A situação tem um efeito cascata em vocês, que no final acabam se sabotando.

Lembra-se do pobre Adão no Jardim do Éden? Embora Eva tenha colhido as próprias consequências pelo lanchinho da tarde, ele foi castigado por escutá-la. Depois daquilo, precisou trabalhar duro nos campos para cuidar de si mesmo e da família. A maioria dos homens teme não serem produtivos. O campo ou o local de trabalho é onde afirmam sua masculinidade. Assim, fracassar ou ter êxito no mercado representa grande parte do que os define ao lutarem para provar seu valor à mulher. Você os coloca na posição de ainda mais luta se não os capacita para cumprir a ordem que Deus lhes deu de abrigá-la e ser responsável pelos caminhos que seguem como casal.

Isso não significa que não possa ter opinião própria. Claro que pode. Se age da maneira certa, o homem não apenas convida, mas honra as opiniões e os pensamentos da mulher; porém, isso deve começar em como se posiciona em relação a ele. Caminhe na confiança de que está na vida do homem como uma companheira. A confiança de que você é necessária para ele deve motivá-la a opinar de maneira gentil e agradável – menos atitude. E lembre-se de que no final, se ele não for o homem que acha que deve ser, examine seu papel porque sua presença deveria torná-lo melhor. Então, faça o trabalho, amiga! A prática começa agora, envolvendo os amigos e os irmãos de vida. Celebre-os. Celebre-se. E celebre a diferença que você faz na vida dos outros.

Encarando a realidade

Quais são as coisas que você mais celebra em relação a ser mulher?
Quais suas maiores lutas nesse sentido?
Como encara a submissão? Como isso a feriu/ajudou em situações variadas, por exemplo, no trabalho e nos relacionamentos?
De que modo você pode ser alguém que soma na vida de um homem?

Número 10: seja paciente ☑

O tempo é tudo. Para tudo existe uma estação. Um tempo de conectar. De deixar as coisas se acalmarem. De fechar um negócio. Em cada uma dessas fases, é necessário que tenha cuidado para não tentar fazer as coisas acontecerem. Esteja disponível para as possibilidades, mas não force! As mulheres se tornaram tão agressivas que ficou difícil separar o que é apropriado do que não é, e, ainda assim, há uma linha tênue entre ser proativa e acelerada demais.

Se verdadeiramente confiamos que Deus reina sobre nosso destino, então uma pergunta implora para ser feita: Não é Ele o Senhor de todas as coisas que ocorrem em nossa vida, inclusive trazer o homem certo? Se você, como Rute, seguir fazendo o trabalho para viver e florescer onde foi plantada, será que seus passos não serão direcionados conforme prometido pelo Senhor a fim de que, como aconteceu com ela, esbarre com o sinal que marca o lugar daquele encontro "nem tão ocasional" com o Sr. Cara Certo? Mas claro! E mesmo quando você percebe que ele a está observando, converse consigo mesma, garota, e diga: "Paciência, paciência... Vá devagar agora". Sente-se e espere que ele venha até você. Se estiver com um grupo de mulheres, separe-se delas e sorria amavelmente, indicando-lhe que é segura a aproximação. A maioria dos homens não gosta de se aproximar de um grupo de mulheres e se tornar uma vítima de análise, enquanto estão tentando atrair a atenção de uma delas. Lembre-se, eles temem a rejeição.

Vá em frente. Tenha uma conversa leve e agradável. Mostre-se interessada, mas não dê o próximo passo. Se ele quiser procurá-la, achará uma forma de entrar em contato com você. "Paciência, paciência." Ele lhe dá um cartão e você lhe dá o seu... Agora começa o jogo da espera. "Paciência, paciência." Não pule para cima do telefone toda vez que ele tocar, garota. Acalme-se! Se o rapaz não ligar até o segundo dia, não o procure. Cabe a ele iniciar o contato. Ele é o caçador; você, a caça. "Mas, Michelle, e se ele perdeu meu número?" Bem, se for para ser e os passos estiverem sendo ordenados pelo Senhor, acabará esbarrando com ele outra vez. Caso contrário, ele deveria ter tomado mais cuidado em guardar o cartão se lhe era tão importante.

Vou contar uma historiazinha para mostrar o que quero dizer. Certa vez conheci um homem em um evento. Ele me entregou seu cartão e me pediu para ligar. Quando me refiz, ele já tinha saído. Uma mulher sentada à mesa comigo virou-se e disse: "Me dê um de seus cartões". "Por quê?", perguntei, "acabei de lhe dar um". Ela retrucou: "Vou dá--lo a ele, porque sei que você não ligar. Li seus livros!". Ri e lhe dei o cartão, que ela lhe entregou, aconselhando-o a me ligar. Por dois dias, não houve nenhuma chamada. No terceiro, recebi um telefonema da assistente do organizador do evento onde eu estivera. Ela me informou que aquele homem havia ligado freneticamente para os escritórios da empresa querendo me encontrar, pois tinha perdido meu cartão! Então a autorizei a lhe dar meu número. Ele ligou prontamente e me convidou para um jantar incrível. Vou dizer mais uma vez: "Paciência, paciência". Se o homem realmente quer conhecê-la, ele vai encontrá-la, amiga. E é o que você quer.

Então você sai com ele. Vive momentos maravilhosos. Gosta dele. Ele gosta de você. "Paciência, paciência." Observe e espere. Não fique muito feliz ainda. Vamos ver se ele é consistente. Minha mentora Bunny Wilson[13] sempre me lembra que "a paciência é a ferramenta que descobre o engano". É aqui que você reflete e vê onde tudo vai dar. Não é a hora de começar a planejar as cores do casamento e o nome dos filhos. Vamos ver se o relacionamento vai durar depois de passar pelo estágio do micro-ondas expresso. Se o homem está ligando constantemente, coloque-o no ritmo para não desgastar o relacionamento. Afinal, não queira que ele comece com hábitos que não manterá depois. Tal atitude apenas fará com que se sinta oprimido e fracasse, porque não vai conseguir mantê-la e se sentirá culpado.

....

13 Bunny Wilson é escritora, conselheira, oradora e professora, bem como fundadora e presidente da New Dawn Productions. Em função de seu trabalho, ela viaja o mundo falando sobre temas como submissão, servidão, cura de dores passadas, encontro do amor ao longo da vida, apreciação racial e fortalecimento do relacionamento conjugal. (N.T.)

Então, agora ele passou no teste. Provou que é decidido e consistente. "Paciência, paciência." Vai chegar um momento em que ele talvez recue por temor, se pensar que está se aprofundando demais. Caso isso aconteça, deixe-o ir e espere, mas não por ele. Espere no Senhor que lhe revele o que vem em seguida, para lidar com ele ou ambos. Espere. Cabe ao homem assumir a responsabilidade e fechar o negócio. Você pode perguntar sobre as intenções dele se estiver tentando monopolizar todo seu tempo sem expressá-las. Afinal, não pode entregar tempo ou a si mesma sem saber em que está investindo e/ou se terá um retorno de investimento.

Pergunte, mas não cobre. Basta fazê-lo saber que se sente vulnerável em relação a ele e que precisa ter certeza de que está em segurança. Não expresse sentimentos de amor diante dele! Lembre-se, você foi criada para ser receptora. Para responder ao amor do homem. Permita-lhe telefonar até que deixe claro que estão em um relacionamento exclusivo e, a partir daí, siga ainda cautelosa. Alguma vez notou que, quando se sentiu mais confortável e começou a ligar, ele passou a agir de forma estranha? Se quiser que ele pense que está garantida, basta que se torne muito agressiva ou disponível. A fim de manter seu valor, seja disponível, mas não de fácil acesso.

Isso também significa não exagerar com presentes, etc. Dar e alimentar é parte de nossa natureza, mas há um tempo para tudo. Essa atitude poderá deixar um cara desconfortável, a menos que seja um jogador, e então apenas tirará vantagem de você. Um rapaz legal sentirá que tem de retribuir e se igualar, ou mesmo superar o que você fez. Uma atitude trabalhosa demais para ele. A menos que esteja segura no relacionamento e ele tenha feito demonstrações de afeto com presentes imprevistos e tal, evite agir assim. O maior presente que você pode dar a ele é a si mesma. Mantendo a arte de ser uma grande ouvinte, divertida e inspiradora, ele vai sentir que todos os presentes dos quais precisa estão embrulhados em você.

No mundo dos negócios, há uma regra de ouro: a pessoa que fala primeiro perde o contrato. É importante lembrar-se disso. Mantenha as declarações de amor para si mesma, até que ele tenha deixado claras as intenções. E aqui está a única ressalva a todo esse princípio. Não estou dando-lhe licença de manter paciência eterna. Não estou defendendo relacionamentos looooongos. Nesse caso, será difícil manter-se na pureza, e acabará envolvendo-se em outros problemas que comprometerão o relacionamento. Estou falando de ter paciência no tempo que levamos para conhecer, formar uma amizade e então assumir um namoro sério.

O homem sabe o que quer do relacionamento relativamente cedo, até mesmo no primeiro olhar. Em cada discussão com um deles sobre esse assunto, constatei que a maioria sabia imediatamente. Por isso não há desculpas para um relacionamento prolongado pelo fato de o homem, depois de dois anos, não saber se quer ficar com você. Ele sabe; apenas não quer. A verdade a libertará para ser encontrada por outra pessoa que reconheça seu valor. Próximo!

Embora esta seja uma das coisas mais difíceis de administrar, também é a chave para viver e amar em uma posição de poder: não fomos criadas para nos desesperar por causa de ilusões. Deus nos chama para que administremos nosso coração, nossa vida e tudo mais. A paciência é um sinal que faz os outros perceberem que você conhece seu valor. Quando o conhece, não tem de se vender. Caminhe na expectativa de que as outras pessoas vejam e compreendam isso. Péssimo para elas se não enxergarem... Como o sábio professor Mike Murdock[14] diz, e concordo: "Você precisa ir aonde é celebrada e não apenas tolerada".

A paciência espera até que a poeira da euforia tenha baixado, e então avalia cuidadosamente o terreno para ver se é o local onde gostaria de permanecer. Não se baseia nas primeiras impressões, mas no cenário ao longo do tempo. A paciência a ajuda a se controlar e não fazer movimentos dos quais talvez se arrependa mais tarde. Às vezes, quando percebe que não se comportou com sabedoria, a vergonha supera a dor de o amor ter dado errado. Por isso, prenda a respiração e solte-a lentamente. Nunca tome uma decisão movida por medo, raiva ou paixão. Espere no Senhor. Ele vai abrir o caminho.

Você nunca chegou tão longe a ponto de tentar qualquer uma dessas coisas? "Paciência, paciência." Seu dia vai chegar. Nem um dia mais tarde, ou um momento fora da hora. E, acredite, a espera valerá muuuito a pena.

---

14 Michael Dean Murdock, mais conhecido como Mike Murdock (Lake Charles, 18 de abril de 1946) é um televangelista e autor norte-americano de mais de duzentos livros. (N.T.)

Encarando a realidade

De que formas você foi impaciente em relacionamentos passados? Qual foi o resultado?

O que alimenta sua impaciência? O que tem medo de perder?

O que aliviaria seus medos?

Quão importante é você estar no controle?

O que a faz se sentir mais fora do controle? Como Deus se encaixa nessa equação quando se sente assim?

O coração do sábio se inclina para o bem, mas o coração do tolo, para o mal. (Ec 10:2)

Salomão, um homem de sabedoria insuperável, comentando a verdadeira sabedoria.

ERRO NÚMERO 10

Desistir e ceder

Apenas pensando em voz alta...

Ela era solteira, jovem e impressionável quando se viu empurrada para o meio de outras mulheres, todas disputando a atenção de um homem. Enquanto as outras usaram todas as armadilhas para capturar o coração dele, ela permaneceu autêntica. Talvez ele tenha notado esse traço, porque no final foi a escolhida. E, com sua beleza tranquila e semblante piedoso, conquistou favores de todos que a cercavam. Mais tarde, quando a vida de outras pessoas estava sendo ameaçada, foi ela quem serviu ao marido e ganhou seu apoio, derrotando o inimigo em silêncio. Não estava garantida apenas a segurança do povo, mas também o coração do marido confiava nela. Ester terminou bem. (Veja a história outra vez no livro de Ester)

Ele era solteiro. Muito distante de casa, enfrentara abuso no passado. Havia sofrido nas mãos daqueles que deveriam ter sido seus maiores aliados: os irmãos. Ainda assim permaneceu firme no meio de uma sociedade estrangeira, com ética e estilo de vida muito diferentes, que se opunham a tudo o que ele tinha aprendido a reverenciar. Diante de uma tentação esmagadora, manteve a pureza. Quando erroneamente acusado por uma mulher desprezada, não ficou na defensiva ou amargurado pela dura injustiça que sofreu. Manteve a fé, e no final a oportunidade veio: foi promovido acima de suas expectativas e abençoado com uma esposa e dois lindos filhos. Levantou-se para salvar a nação e morreu com dignidade na presença dos entes queridos, transmitindo bênçãos à próxima geração. José terminou bem. (Veja Gênesis, capítulos 37-50)

Ela fora casada por apenas sete anos quando o marido morreu. Nunca se casou novamente. Em vez disso, preferiu passar o tempo buscando a Deus e servindo ao povo Dele no templo. Seu maior desejo era ver o Messias, Aquele que libertaria o povo do sofrimento. Então, ela se entregou ao jejum e à oração diariamente, confiando que Deus cumpriria a promessa. Até que, um dia, lá estavam eles, um casal jovem de pé no templo. A mãe carregava o mais maravilhoso bebê nos braços, e soube que Ele era o Escolhido. Sentiu como se sua jornada estivesse finalmente terminando. Havia esperado mais de setenta anos para testemunhar tal visão. Ao profetizar sobre a criança, sua alegria era completa, e ela seguiu o caminho louvando a Deus e compartilhando as boas novas com os outros. Ana terminou bem. (Veja Lucas 2:36-38)

Ele tinha cerca de trinta anos, passional, com muito amor para dar. Alguns foram atraídos por Sua gentileza. Alguns O achavam estranho; outros, carismático. Foi incompreendido, rejeitado e traído, e ainda assim nunca perdeu a esperança, nunca deixou de amar, e quando Lhe pediram para dar Sua vida por aqueles que O trataram tão mal, Ele o fez com prazer. Permaneceu concentrado no objetivo, pagando o dote para redimir Sua noiva. Nunca reclamou do preço. Não tentou Se defender quando acusado injustamente. Nunca ficou amargurado; foi misericordioso até o fim. E ainda está esperando para reivindicar Sua noiva. Apesar do longo tempo que precisou esperar, Ele permaneceu fiel. Jesus terminou bem. (Veja João 14:1-3)

Em toda a Bíblia, há homens e mulheres em situações comparáveis a nossas circunstâncias atualmente. Todas nós podemos descrever o sentimento semelhante ao de participar de um concurso de beleza interminável quando se trata de sermos escolhidas por um homem. Ou talvez tenhamos experimentado uma breve pausa para ser feliz com alguém que depois partiu prematuramente pela morte ou por assim ter escolhido. Talvez nos encontremos em condições que independem de nossa escolha, questionando nossas opções ou como acabamos onde estamos. Ou talvez estejamos lidando com a inveja de entes queridos ou colegas de trabalho e sentindo-nos como se fôssemos sucumbir diante de tantas farpas e atitudes desnecessárias.

A pressão da vida pode ser pesada quando sentimos que precisamos seguir sozinhas... Quando até mesmo aqueles que caminham conosco de fato não nos compreendem. Talvez estejamos em um lugar solitário, no entanto, nossos exemplos nos mostram que não devemos desistir, desacelerar ou cansar de cultivar e manter uma rica vida de solteira. Na verdade, trata-se de terminar bem. Sejam nossos desejos ou expectativas realizadas ou não, cabe a nós a escolha do final de nossa história pessoal. É possível mudar vitória ou fracasso, perseverança ou resignação, superação ou sobrevivência. A cada dia podemos escolher entre vida ou morte, e tomar decisões que resultem em bênçãos ou maldições. Solteira ou casada, a luta é a mesma: uma vida que leve prazer ao coração de Deus e paz, alegria e realização a nós mesmas e a todos que encontrarmos. Não importa nossa condição, se vai mudar ou não, queremos terminar com graça, terminar com elegância, terminar bem.

Vamos permanecer fortes até o final

Liste cinco coisas que tornariam a vida mais perfeita para você.
Que itens da lista são desejos *versus* necessidades? Qual deles você precisa ter?
Qual pode eliminar e viver bem?
Como viveria se nunca tivesse o que está na lista?
Que decisões pode tomar sobre sua vida para terminar bem?

Solução: Termine bem

Vamos encarar a realidade. Muitas coisas da vida não acontecem quando queremos, como queremos ou onde e com quem queremos. A maioria das pessoas tem uma história de alguém que foi embora. Será que as circunstâncias devem governar nossa alegria ou produtividade? Acho que não! O desafio de florescer apesar do vaso em que fomos plantadas nos oferece uma oportunidade emocionante de nos tornarmos cidadãs do mundo e deixarmos nossa marca de excelência, quer nos casemos quer não.

Acredito apaixonadamente que o segredo do sucesso da vida de solteira é, na verdade, viver todos os dias como se nunca fosse se casar. Quão mais livre você seria com a ausência do desespero ou o constante cronômetro em contagem regressiva sobre seu coração? Você poderia na verdade conhecer um cara legal sem se preocupar se é um potencial marido ou não. Simplesmente apreciar a companhia do sujeito para o que vale a pena. Assim, aprenderia a viver no agora e a tornar cada momento rico e inspirador. Você se abriria para a alegria! Por não conhecermos o futuro, devemos decidir como vamos encarar nosso amanhã. Será que vamos correr e não ficar cansadas, caminhar e não desmaiar? Ou nos estatelar porque não nos serviram o prato que queremos agora? Ou, ainda pior, cruzarmos rastejando a linha de chegada da vida, arrebentadas porque a pista nos conduziu a um lugar que não esperávamos? Posso encorajá-la a optar por terminar bem independente de seu estado civil? Controle a situação simplesmente mudando de atitude.

Quando o apóstolo Paulo, que, aliás, era muito solteiro, estava escrevendo uma carta a Timóteo, um de seus protegidos e colaboradores, ele lhe disse algumas palavras de encorajamento com as quais acho que poderíamos lucrar em nossa jornada de solteiras.

Primeiro, disse a Timóteo que estava se sentindo muito sozinho na época para ser sóbrio em tudo (2Tm 4:5). Às vezes, o coração pode enganá-la. Dependendo do quanto estiver faminta pelas coisas que deseja, sua voz pode gritar mais alto do que a vozinha calma avisando-lhe que tenha cautela e dê uma segunda olhada em sua escolha. Mantenham a cabeça no lugar, garotas. Mais que isso, usem-na. Como diz o ditado: "Se anda como um pato e grasna como um pato, provavelmente é um pato!". As emoções nunca serão indicadores precisos do que precisamos fazer, por isso, fique quieta, ouça a voz de Deus e siga Suas instruções. Não se permita ser empurrada até o limite por raiva, medo ou até mesmo paixão, filtros que normalmente evitam que a razão e a sabedoria apresentem o lado racional na guerra pelos desejos da carne. A essa altura, você já sabe que basta apenas um movimento errado para iniciar uma avalanche de acontecimentos que aumentam nossa dor e nos levam para longe de tudo que temos desejado.

Em seguida, Paulo diz: suporte os sofrimentos (2Tm 1:8). Mais uma vez, encaremos a realidade. A vida pode ser dura para as casadas e as solteiras. Quando a vida lhe der um limão, faça uma limonada, minha amiga. O que não mata nos fortalece, e não ficará pior de como já estava. Saiba que Deus permite testes e provas para nos podar e purificar de todas as coisas impróprias, a fim de que mostremos abertamente os dons que Ele nos deu. A vida e todas as várias mudanças e fases são capazes de gerar maturidade, graça e força em nós, se permitirmos. Use a dor das dificuldades para se transformar em uma pessoa mais forte. Deixe que a fé desenvolva sua paciência. Disponha-se a crescer a partir das experiências e torne-se mais frutífera e produtiva em função do que aprendeu em meio à luta. Se a vida de solteira é difícil, espere até se casar e precisar perseverar em duas vezes mais testes! Agora é o momento de desenvolver características que acrescentarão riqueza à experiência marital.

Paulo diz a Timóteo que faça o trabalho de um evangelista (2Tm 4:5). Bem, você pode não ser evangelista, mas é embaixadora de Deus, independente da profissão ou do caminho de vida. Você é representante viva de Deus. Demonstre isso. Demonstre sendo a melhor que puder no dia a dia. Represente bem a Deus, vivendo bem. Faça o que for preciso para se destacar em todos os aspectos da vida.

Primeiro, faça o trabalho espiritualmente. Reserve tempo para a devoção. Centre-se. Leia a Palavra e encha-se não apenas com sabedoria, mas com conforto, força e estímulo para cada dia. Ore. Mantenha forte a conexão com Deus, o que irá carregá-la quando não houver braços que a amparem. Louve. Aprenda a celebrar a bondade do Senhor e deleite-se com a alegria que esse tipo de intimidade traz. Comungue com outras pessoas. Envolva-se com a igreja ou com alguma organização em que tenha a oportunidade de servir aos outros. Pratique ser parte da família e da comunidade.

Faça o trabalho no corpo. Você o recebeu; cuide dele. Se não gosta de se exercitar, encontre algo que o fortaleça. Cuide da alimentação. Faça isso como se fosse para o Senhor. O corpo não é apenas é o lugar onde a alma habita, mas também o templo do Espírito Santo. Ao convidar pessoas para sua casa, você não quer está bem apresentável?

Bem, o Espírito Santo veio visitá-la e estabelecer morada dentro de você. Faça o trabalho para que Ele aprecie a estada. A fim de ficar com a melhor aparência possível, sinta-se o melhor possível, por isso reserve tempo para nutrir o corpo que Deus lhe deu, para que ele trabalhe a seu favor e não contra.

Trabalhe profissionalmente. Trabalhe como se estivesse trabalhando para o próprio Senhor. Caminhe mais. Esforce-se para ser excelente. Saber que fez o melhor é um sentimento realizador. Lembre-se de que não se trata apenas de sua pessoa, pois, no mercado, assim como o corpo de Cristo, você representa o Senhor. Faça-nos ficar bem. Represente bem. Faça o trabalho necessário para ser promovida. Promoções não acontecem por acaso, mas por merecimento. Seja diligente. Focada. Trabalhe com alegria. Deus nos dá todo o poder para conquistar riquezas, mas é preciso trabalhar a fim de usufruir a abundância que a espera. Lembre-se, Ele é glorificado quando você é bem-sucedida, mas o trabalho precisa ser feito. O sucesso acontece quando a oportunidade encontra o preparo, e é mantido com diligência e foco. Faça o trabalho.

Trabalhe as emoções. Ninguém mais é capaz de libertá-la. Apenas você pode se associar a Deus para ser emocionalmente livre, inteira e aberta para dar e receber amor. Finalize o que está fazendo e abra-se para o novo. Livre-se do passado. Lave o coração e permita a ele recomeçar. Ter esperança como nunca aconteceu antes. Amar como se nunca tivesse sido magoada. Você começa a decidir seu destino emocional ao ajustar as reações ao que viveu no passado.

Busque aconselhamento, se necessário. Faça prestação de contas a alguém em quem possa confiar para lhe dizer a verdade em amor. Faça o que tiver de fazer, mas... faça o trabalho. Seja verdadeira. Seja sincera sobre onde esteve e como se sente. Confesse, arrependa-se se necessário, mas permaneça pura. Entregue tudo o que está abrigando a Deus e permita-Lhe que a lave com todas as lágrimas que você chorou antes. Então, ouse recomeçar.

Trabalhe os relacionamentos. Reserve tempo para ouvir e realmente escutar. Reserve tempo para reagir, não a partir do que quer, mas sim das necessidades de outras pessoas. Pratique o regime do amor verdadeiro, da bondade, da paciência, do suportar todas as coisas, e espere o melhor. Hum-hum, você sabe do que estou falando. De oferecer mais. De fazer o trabalho... chorando com aqueles que choram. De suportar as enfermidades dos fracos. De morrer para si mesma. De considerar os outros antes de pensar em você. De submeter-se ao outro. Parece um bocado de trabalho, não é? Mas pensei que você quisesse se casar. Esses traços de caráter não surgem do dia para a noite, mas resultam de uma vida inteira de prática. Este é o momento perfeito para começar.

Se não fizer o trabalho agora, você o fará mais tarde, e provavelmente será mais intenso porque outra pessoa estará envolvida. Aprenda a dominar essas habilidades e ser um presente àqueles que Deus lhe apresenta.

Ao mesmo tempo, Paulo aconselha Timóteo a cumprir plenamente seu ministério (2Tm 4:5). O ministério não é apenas pregar de pé em uma plataforma. É tocar as pessoas onde quer que seja colocada por Deus. Encontrarem-se para um cafezinho no trabalho e reclamar sobre a indisponibilidade de homens bons e sobre o quanto é triste ser solteira não é ministrar, e certamente não a diferencia do resto do mundo. Mas viver em uma alegria genuína como solteira e regozijar-se por seu caso de amor com seu Amante de alma lhe dá uma base poderosa para compartilhar a mesma paz e alegria com outros que estejam lutando por aprovação e afirmação. Saia de si mesma. Sinta as necessidades que a cercam e responda a elas. Sinta a realização que resulta de fazer todos os dias aquilo para o que foi criada. Seja uma luz. Um farol de esperança. A razão para que alguém se sinta melhor. Seja uma pessoa que tenta com mais afinco. Que ousa exercitar a fé. Que não desiste. Afinal, você está aqui por essa razão, e não precisa ser casada para fazer qualquer uma dessas coisas.

Às vezes será difícil não afundar. Ficar acima da pressão do grupo. Da pressão do relógio biológico. Da pressão dos hormônios. Da pressão da mídia. Até mesmo da pressão da igreja, que diz: "Você tem de se casar agora. Não será nada se não tiver alguém. Seus melhores anos estão passando". Derrube todas essas mentiras e silencie as vozes exteriores e interiores que tentam fazê-la acreditar que não é capaz de viver o melhor da vida agora. Lute por sua alegria. Entre no bom combate que a leva a superar pensamentos negativos e baixa autoestima, e não se conforme com menos do que o melhor de Deus para você. Lute para permanecer forte, pura e firme na jornada. Você terá de lutar para terminar bem. O inimigo da alma não lhe entregará a vitória em uma bandeja de prata. Como um medalhista olímpico, você terá de recorrer a tudo o que tem para seguir em frente e reivindicar o prêmio final antes de alcançar a eternidade, que é uma vida bem vivida. Coisas pelas quais a luta vale a pena nunca chegam facilmente. Lute para manter a esperança viva.

O tempo que Deus lhe deu de vida exige que mantenha a fé a fim de terminar bem. Ele conhece os planos que lhe fez, ainda que, infelizmente, você não tenha todos os detalhes. Certa vez, em meus tempos de escola, lembro-me de ficar amuada porque pensei que todos haviam esquecido meu aniversário. Mal sabia que estavam planejando uma festa surpresa incrível. Fiquei ainda mais mal-humorada com o passar do dia. Imagine meu constrangimento quando, apesar de meu péssimo comportamento o dia inteiro, a comemoração começou. Você consegue imaginar como parecemos para Deus quando passamos pela vida chutando e gritando, completamente inconscientes de todas as bênçãos maravilhosas que Ele guardou para nós? Mantenha a fé. Confie no tempo Dele e saiba que valerá a pena ter esperado. No entanto, como esperamos depende de nós. Podemos nos sentar, cruzar as pernas e esperar... e esperar... Ou nos ocuparmos servindo a Deus e ao homem até que Ele revele Seus planos e os manifeste de acordo com Seus planos perfeitos para nós.

Decida agora que vai terminar a trajetória. Paulo pode orgulhosamente proclamar que ele sentia que havia feito tudo o que fora colocado aqui para fazer (2Tm 4:7). Acho interessante esse mesmo homem sentir que era melhor ser solteiro do que casado. Morreu solteiro, e ainda assim havia alegria, paz e contentamento ecoando em todas as suas cartas às igrejas, com as quais ele compartilhava a paixão pelo evangelho. Além disso, Paulo queria viver uma vida sagrada e ser uma força que se espalhasse pelo mundo inteiro. Esse pensamento consumiu toda sua vida, e consigo imaginá-lo cruzando as mãos sobre o peito ao final do dia, totalmente satisfeito por haver realizado algo de importância para Deus.

Ao deixar esta terra, ninguém comentará sobre seu companheiro, mas sim sobre legado de obras que porventura tenha deixado. Determine-se agora a marcar profundamente a vida de todos que encontrar. Terminar o percurso não é apenas dobrar a esquina e finalizar a jornada. Trata-se de concluir o percurso durante o qual Deus quer que você também aprenda. Completar as lições e determinar-se a receber um "A" no trabalho de vida. Aqueles que não cedem são destinados a receber um "Insuficiente" nas tarefas, porque as mais significativas coisas que você pode aprender na vida são simplesmente: Deus a ama e tem planos para sua vida. Os planos incluem o melhor Dele para você, e Seu tempo é sempre perfeito. Casando-se ou não algum dia, saiba que Deus tem a satisfação guardada para você, caso escolha aceitá-la. A questão não é quando vai se casar, mas sim como vai gastar seu tempo agora?

Se lhe dissessem que você tem apenas uma semana de vida, o casamento estaria na lista de prioridades? Ouse ter uma jornada fabulosa, aproveitando o cenário mais do que olhando desesperadamente à procura de qualquer destino definido. Você vai chegar a tempo e, oh, quantas belezas perderá ao longo do caminho se não parar para admirar e apreciar tudo o que Deus colocou no percurso. O amanhã não é uma promessa, por isso faça do hoje uma aventura completa. Viva com todo o entusiasmo que puder e aprenda bem as lições. Depois que tudo tiver sido falado e realizado, você, como Paulo, olhará para trás, vendo uma existência rica e repleta, respirará profundamente e louvará a Deus por uma vida inacreditável, que não dependeu de ninguém para completá-la, embora um companheiro possivelmente acrescente alegria ao que já estava ali. E isso, minha irmã, é o que de fato se pode chamar de chegada.

Encarando a realidade

De que modo você permitiu que as emoções conduzissem as decisões que tomou? Qual foi o resultado?

Que aspectos de sua vida você precisa trabalhar? Como se aplicará para agir com disciplina nesse sentido?

Qual é o maior motivo de luta para você em se tratando de fé? Como pode se fortalecer nessa área?

Que lição sente que Deus quer que aprenda agora? Como isso vai afetar sua vida quando finalmente absorvê-la?

Como cumprirá seu ministério no dia a dia?

Combati o bom combate, terminei a corrida, guardei a fé. (2Tm 4:7)

Paulo, refletindo sobre o que
era verdadeiramente importante.

FONTE: Palatino Linotype

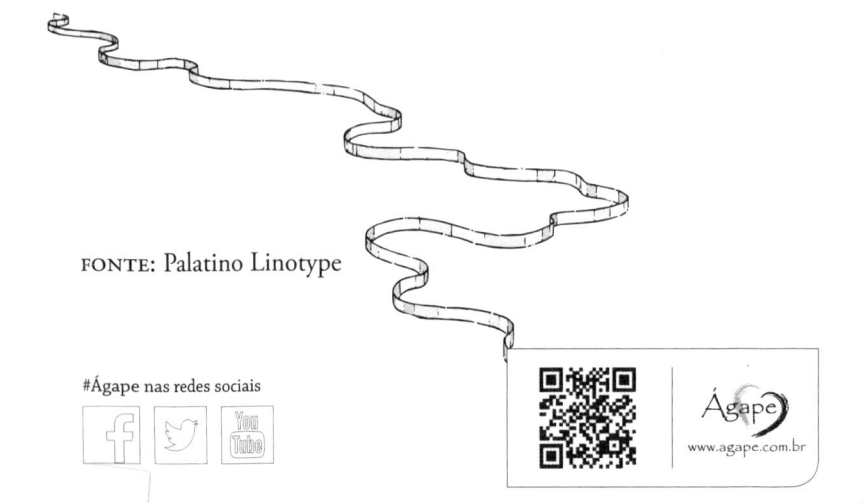

#Ágape nas redes sociais

www.agape.com.br